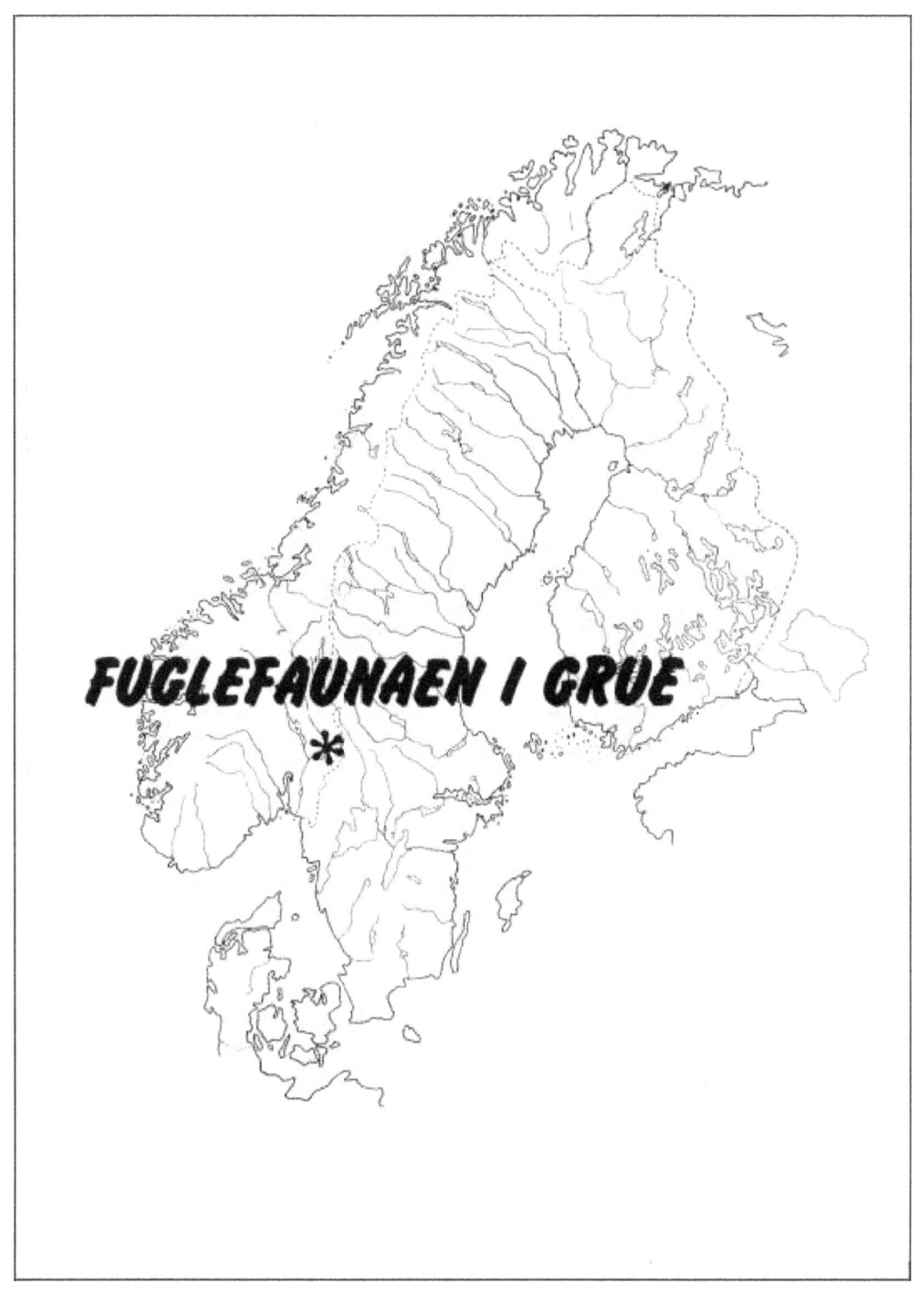

FUGLEFAUNAEN I GRUE

*

Bildene i heftet er tatt av Birger Nesholen, unntatt
bilde side 3 som er tatt av Jan Erik Fosseidengen.

Omslagsbilde: Perleugle, nesten flyvedyktig unge.
Bilde side 3 (tittelblad): Tretåspett på hekkeplassen.
Bilde side 4 (tilegnet..): Med kikkert, papir og blyant, lyd-
båand og fotoutstyr, - sent og tidlig, dag og natt,
høyt og lavt, sommer og vinter, - er materialet til
denne registrering samlet til veie.

Ettertrykk , helt eller delvis, - eller bruk av stoff fra
dette heftet er tillatt med angivelse av
kilden:

Sollien, Nesholen, Fosseidengen: Fuglefaunaen i Grue (1976).

TRYKK: BERGER LANGMOEN AS

Kvalitativ og kvantitativ
registrering av fuglefaunaen
i Grue kommune med tilstøtende
områder, Hedmark fylke.

Fram til medio juli 1976.

TILEGNET alt og alle som er forsømt
som følge av arbeidet og
interessen for å skaffe
bakgrundsmateriale til
denne publikasjon.

Innhold

Innledning

Fra de indre østlandske barskogsområder foreligger det
ganske få nøyaktige opplysninger om fuglelivet, f.eks. om dets
artsrikhet og bestandsvariasjoner. Med grunnlag i dette legger
vi her fram en registrering av fuglefaunaen i Grue kommune i
Hedmark, med tilstøtende områder.

Kort beskrivelse av det undersøkte området.

Hele området er på ca. 900 000 da, hvorav Grue kommune utgjør
820 000 da. Av de 820 000 da. er 603 000 da. skog, 56 000 da.
jordbruksareal, 58 000 da. vann og 103 000 da. veier, jernbane
og uproduktive arealer.

Gjennom områdets sentrale deler renner Glomma, som ved normal
vannstand ligger på ca. 148 m.c.h. Østover finnes store skog-
områder som strekker seg over Grue Finnskog til Sverige. De
høyeste åsene når her opp i en høyde av 580-600 m.o.h. (Skas-
berget 581, Kaketjernsberget 583, Tyskeberget 617 m.o.h.) Vest-
over hever et skogterreng seg til 520-540 m.o.h. (Ved Kjølset-
setra 521, Galterudfjellet 543 m.o.h.) Vi påpeker at det ikke
finnes snaufjell i kommunen, kun forekomster av mindre, nakne
knauser. I Glommadalen ligger de fruktbareste områdene, og det
er også her bebyggelsen er overveiende konsentrert. Klimaet er
et typisk innlandsklima, med normal årlig nedbørmengde på ca.
625 mm, og en normal middeltemperatur på +3,5°C.

Det er umulig å beskrive alle forekommende biotoper i området
når dette er så stort. Imidlertid er disse meget allsidige og
varierende både i utvalg, kvalitet og størrelse. Vi nevner at
det ikke finnes edelløvskog i kommunen, men at bestander av
lerk opptrer.

Metode for innsamling av data. Begrensende faktorer.

Som før nevnt er det undersøkte området stort, og naturlig
nok er det umulig for bare tre personer å undersøke dette
effektivt. Når det gjelder opptreden av fuglearter, er det
umulig å begrense disse skarpt geografisk etter f.eks. kommune-
grenser. Vi har derfor også tatt med observasjoner av særlig

interesse i grenseområdene utenfor selve Grue kommune.

Vi har hatt hjelp av og fått opplysninger fra en rekke observatører i alle aldre. Disse observatørenes materiale er innsamlet av oss, og de enkelte observasjoner er nøye kritisert og vurdert med de respektive personer i hvert enkelt tilfelle der dette har vært nødvendig.

I registreringa har vi forsøkt å få med sikre observasjoner fra så langt tilbake i tiden som mulig, bestandsvariasjoner innen hver enkelt art opp gjennom årene, og hvilken status/forekomst de forskjellige arter har i det undersøkte området i dag.

Vi har størst materiale fra perioden 1968-1973. I 1968 begynte vi med nøyaktige registreringer av fuglelivet, og fra høsten 1971 til våren 1973 arbeidet vi med den organiserte innsamling av materialet. Etter dette har vi innarbeidet senere observasjoner av betydning fram til og med medio juli 1976.

Ei registrering av fuglefaunaen i et så stort område kan umulig bli fullstendig og komplett, og det er klart at enkelte områder er bedre undersøkt enn andre. Det vil også f.eks. alltid finnes muligheter for flere observasjoner i et gitt tidsrom enn man klarer å få samlet inn. Derfor kan en bare forsøke å komme fram til et så godt resultat som mulig ut i fra det grunnlag og de forutsetninger man har. Vi vil presisere at ingen observasjoner i denne registreringen er forelagt den norske sjeldenhetskomitéen for godkjennelse.

Vi regner med at det i fremtiden vil dukke opp opplysninger som her ikke er kommet med, og disse, samt nyere observasjoner vil det være av interesse å få samlet som tillegg og eventuelle rettelser til denne registreringen.

Vi håper at innholdet i dette heftet vil anspore til videre undersøkelser av fuglelivet i Grue, og en fortsettelse av det arbeidet som her er påbegynt.

Torbjørn Follien.   Birger Nesholen

Jan E Fosseidengen

Artsrikheten

Det er registrert 211 arter i det undersøkte området fram til medio juli 1976. 126 arter hekker eller har hekket, av disse var 103 arter aktuelle hekkere i tidsrommet 1970-1976.

At vi har klart å registrere såpass mange arter i Grue mener vi kan tilskrives minst 3 forskjellige årsaker:

1. Området er nesten usedvanlig godt dekket av observante og interesserte amatørornitologer av den eldre kategori, noe som gjør at vi har fått observasjoner fra et relativt stort tidsrom.
2. Området er såpass stort når det gjelder registreringer av denne type.
3. En grunn som delvis følger av pkt. 2: Området har nesten alle mulige terrengtyper, fra nakne knauser ca. 600 m.o.h. til flate sandstrender langs Glomma ca. 148 m.o.h.

Tegnforklaring til artslista

●   : Vanlig.

◐   : Vanlig, men fåtallig.

O   : Sjelden.

?   : Vi har mistanke om at dette forekommer eller har fore-kommet, men intet underbygd.

---   : Vi mener at arten ikke forekommer i undersøkelsesområdet i den angitte rubrikk (Grunngitt av observasjoner og litteratur.)

(Intet : Intet foreliggende materiale. Artens status/forekomst
tegn)   ikke kjent.

†   : (Forekommer i rubrikken for hekking.) Betyr at vi anser arten for ikke å være aktuell hekker lenger, selvom den var det i en kortere eller lengre periode.

+   : Generell økning i bestanden (ser bort fra "toppår") i det tidsrom vi har opplysninger fra.

+   : Generell nedgang i bestanden (ser bort fra "depresjons-år") i det tidsrom vi har opplysninger fra.

8

	hekking	vår	sommer	høst	vinter	best. endr.	merkn.
Smålom, Gavia stellata	○	?	○	?	— — —		
Storlom, G. arctica	◑	◑	◑	○	— — —		2 obs.
Dvergdykker, Podiceps ruficollis		○		○	○		1 obs.
Horndykker, P. auritus	○	○	○		— — —		
Toppdykker, P. cristatus		○	○		— — —		3 obs.
Storskarv, Phalacrocorax carbo	— — —			○	— — —		3 obs.
Rørdrum, Botaurus stellaris	— — —			○	— — —		1 obs.
Hegre, Ardea cinerea	— — —	◑	◑	●	— — —	+	2 obs.
Svartstork, Ciconia nigra	— — —	○	○	○	— — —		2 obs.
Canadagås, Branta canadensis	— — —	○		○	— — —		2 obs. (utsatt)
Hvitkinngås, B. leucopsis	— — —	○		○	— — —		3 obs.
Ringgås, B. bernicla	— — —	○		○	— — —		1 obs.
Grågås, Anser anser	— — —	○			— — —		1 obs.
Tundragås, A. albifrons albifrons	— — —	○			○		2 obs.
Sædgås, A. fabalis fabalis	— — —	◑			— — —		3 obs.
Knoppsvane, Cygnus olor	○	◑	◑	●	○	+	
Sangsvane, C. cygnus	— — —	◑	○	○	— — —		
Rustand, Tadorna ferruginea	— — —	○		◑	— — —		1 obs.
Gravand, T. tadorna	— — —			○	— — —		2 obs.
Stokkand, Anas platyrhynchos	●	●	●	●	○		
Krikkand, A. crecca	◑	●	●	●	— — —		
Snadderand, A. strepera	— — —			○	— — —		1 obs.

9

	hekking	vår	sommer	høst	vinter	best. endr.	merkm.
Brunnakke, Anas penelope	○	●	○	●	---		
Stjertand, A. acuta	---	○		○	---		6 obs.
Knekkand, A. querquedula	---	○			---		5 obs.
Skjeand, A. clypeata	---	○	○	○	---		
Taffeland, Aythya ferina	---	○		●	---		1 obs.
Toppand, A. fuligula	?	●	○	○	---		
Bergand, A. marila	---	○	○	○	---		8 obs.
Ærfugl, Somateria mollissima	---				---		1-2 obs.
Svartand, Melanitta nigra	---	○		○	---		2 obs.
Sjøorre, M. fusca	---			○	---		
Havelle, Clangula hyemalis	●	●	●	●	○		
Kvinand, Bucephala clangula	---	○	○	○	---		2 obs.
Lappfiskand, Mergus albellus	○	●	○		---		
Siland, M. serrator	○	○	○	●	---		
Laksand, M. merganser	?	○	○		---		
Fiskeørn, Pandion haliaëtus	○	●	○	○	○	+	
Vepsevåk, Pernis apivorus	●		●		○	+	
Hønsehauk, Accipiter gentilis ...	○	○	○	●	---		
Spurvehauk, A. nisus	●	●	●	○	○		
Fjellvåk, Buteo lagopus	---		○	○	---		
Musvåk, B. buteo	●		●	○	---		
Kongeørn, Aquila chrysaëtos	---	●	●	○	○		7-8 obs.
Myrhauk, Circus cyaneus	---	○		○	---	+	
Steppehauk, Circus macrourus	---		○		---		1 obs.
Jaktfalk, Falco rusticolus	O?				---		
Vandrefalk, F. peregrinus	---				○		3 obs.

10

	hekking	vår	sommer	høst	vinter	best. endr.	merkn.
Lerkefalk, F. subbuteo	○	○	○	○	¦¦¦		
Dvergfalk, F. columbarius	○	○	○	○	¦¦		
Tårnfalk, F. tinnunculus	○	○	○	○	¦¦	+	
Lirype, Lagopus lagopus	●	●	○	●	○	+	
Jerpe, Tetrastes bonasia	●	●	●	●	◐	+	
Orrfugl, Lyrurus tetrix	●	●	●	●	●	+	
Storfugl, Tetrao urogallus	o†	●	●	●	●	+	
Rapphøne, Perdix perdix	●	●	●	●	◐	+	
Fasan, Phasianus colchicus	●	●	○	○	¦	+	
Trane, Grus grus							
Vannrikse, Rallus aquaticus		○	○	○	¦¦¦		1 obs.
Myrrikse, Porzana porzana	●†	○	○		¦¦	+	3 indv.
Åkerrikse, Crex crex	?	○	○	○	¦		
Sivhøne, Gallinula chloropus ...	?	○	○		○		
Sothøne, Fulica atra	○	○	○				
Tjeld, Haematopus ostralegus ...	¦¦	●		●	¦¦¦		
Sandlo, Charadrius hiaticula ...	○	●		●	¦¦¦		
Dverglo, C. dubius curonicus ...	¦¦¦	●		◐	¦¦		
Boltit, Eudromias morinellus ...		●		●	¦¦		
Heilo, Pluvialis apricaria	○	●	○	○	¦¦		
Tundralo, P. squatarola	¦¦			●	¦¦		1 obs.
Vipe, Vanellus vanellus	●	●	●	●	¦¦	+	2 obs.
Dvergsnipe, Calidris minuta	¦¦	○		○	¦¦		
Temmincksnipe, C. temmincki		○		○	¦¦		
Myrsnipe, C. alpina	○	○	○	●	¦¦		

11

Art	hekking	vår	sommer	høst	vinter	best. endr.	merkn.
Polarsnipe, C. canutus	–	●		○	–		3 obs.
Brushane, Philomachus pugnax	–	●		●	–		
Sotsnipe, Tringa erythropus	?	○		○	–		9-10 obs.
Rødstilk, T. totanus	?	○	○	○	–		
Gluttsnipe, T. nebularia	?	●	○	●	–		
Skogsnipe, T. ochropus	●	○	●	○	–		
Grønnstilk, T. glareola	?	○	●	●	–		
Strandsnipe, T. hypoleucos	●	●	●	○	–		
Lappspove, Limosa lapponica	–		●	●	–	+	1 obs.
Storspove, Numenius arquata	●	●	●	●	–		
Småspove, N. phaeopus	○	○	○	○	–		
Rugde, Scolopax rusticola	●	●	●	●	–		
Enkeltbekkasin, Gallinago gallinago	●	●	●	●	–		
Dobbeltbekkasin, G. media	○	○	○	○	–		
Kvartbekkasin, Lymnocryptes minimus	–	?		○	–	+	9 obs.
Svømmesnipe, Phalaropus lobatus	○	●	○	○	–	+	
Hettemåke, Larus ridibundus	●	○	●		–	+	
Gråmåke, L. argentatus	○	○	○		–		
Svartbak, L. marinus	●	●	●		○	+	5 obs.
Fiskemåke, L. canus	●	○	●		○		
Krykkje, Rissa tridactyla	–	○			○	+	1 obs.
Ismåke, Pagophila eburnea	–	○			○		1 obs.
Makrellterne, Sterna hirundo	○	○	○		–	+	
Steppehøne, Syrrhaptes paradoxus						+	1 obs.
Ringdue, Columba palumbus	●	●	●	●	–	+	
Skogdue, C. oenas	○	○	○	○	–	+	

12

	hekking	vår	sommer	høst	vinter	best. endr.	merkn.
Tyrkerdue, Streptopelia decaocto	◐	◐	◐	◐	◐	+	2 obs.
Turteldue, S. turtur	¦¦¦	●	○	○	¦ ○		
Gjøk, Cuculus canorus	●	●	●				
Snøugle, Nyctea scandiaca	¦¦ oↄ	○	○	○	○	+	7 obs.
Hubro, Bubo bubo	●	●	●	●	●		
Hornugle, Asio otus	?	○	●	●	¦ ●		
Jordugle, A. flammeus	●	●	●	●	●		
Perleugle, Aegolius funereus	●	●	●	●	●		
Spurveugle, Glaucidium passerinum ..				○			
Haukugle, Surnia ulula	?	○	○	○	○		
Kattugle, Strix aluco	○	○	○	○	¦¦ ○		
Slagugle, S. uralensis liturata	¦¦¦				¦¦¦		
Lappugle, S. nebulosa lapponica	○	○	○	○	¦¦ ○		3 obs.
Nattravn, Caprimulgus europaeus	●	●	●	●	¦¦	+	
Tårnsvale, Apus apus	¦¦	○	●	●	○		
Blåråke, Coracias garrulus	○		○	○			
Isfugl, Alcedo atthis ispida	¦¦¦		○	○	¦¦ ○		
Hærfugl, Upupa epops	●	●	○		¦¦		2 obs.
Vendehals, Jynx torquilla	○	○	○	○	○	+	2 obs.
Grønnspett, Picus viridis	○		○	○	○		5 obs.
Gråspett, P. canus	●	●	●	●	●		
Svartspett, Dryocopus martius	●	●	●	●	●		
Flaggspett, Dendrocopos major	○	●	○	○	○		
Hvitryggspett, D. leucotos	?	○	○	○	○		
Dvergspett, D. minor							

13

Art	hekking	vår	sommer	høst	vinter	best. endr.	merkn.
Tretåspett, Picoides tridactylus	○	○	○	○	○		
Sandsvale, Riparia riparia	●	●	●	●	—		
Låvesvale, Hirundo rustica	●	●	●	●	—		
Taksvale, Delichon urbica	●	●	●	●	—		
Kalanderlerke, Melanocorypha calandra	—	—			—		1 obs.
Fjellerke, Eremophila alpestris flava	—	○			○		3 obs.
Trelerke, Lullula arborea	○	●	●	●	—		1 obs.
Lerke, Aluda arvensis	●	●	●	●	—		
Trepiplerke, Anthus trivialis	○	●	●	●	—		
Heipiplerke, A. pratensis	●	○	○	○	—		
Sørlig gulerle, Motacilla flava flava	○	●	○	○	—		
Såerle, M. f. thunbergi	●	○	○	○	—		3 obs.
Svarthodet gulerle, M. f. feldegg	—				—		1 obs.
Vintererle, M. cinerea	○	●	○	●			4 obs.
Linerle, M. alba alba	●	●	●	○	—		
Tornskate, Lanius collurio	○	○	○	○	—	+	
Varsler, L. excubitor	?	○	○	○			
Rosenstær, Sturnus roseus	—	●			○		1 obs.
Stær, S. vulgaris	●	●	●	●	●		
Lavskrike, Perisoreus infaustus	●	●	●	○	●		
Nøtteskrike, Garrulus glandarius	●	●	●	●	●		
Skjære, Pica pica	●	●	●	●	○		
Nøttekråke, Nucifraga caryocatactes	●	○	○	○	●		
Kaie, Corvus monedula	●	●	○		○		
Kornkråke, C. frugilegus	—	●					
Kråke, C. corone cornix	●	●	●	●	●		9–10 obs.

Art	hekking	vår	sommer	høst	vinter	best. endr.	merkn.
Ravn, Corvus corax	◐	◐	◐	◐	◐	+	
Sidensvans, Bombycilla garrulus	○	○	○	●	●		
Fossekall, Cinclus cinclus	●	◐	◐	◐	○	+	
Gjerdesmett, Troglodytes troglodytes .	○	○	○	○	○		
Jernspurv, Prunella modularis	●	●	●		|		
Gresshoppesanger, Locustella naevia ..	○	○	○		|		1 obs.
Gulsanger, Hippolais icterina	○		○	○	|		
Hauksanger, Sylvia nisoria	|				|		1 obs.
Hagesanger, S. borin	●	●	●	◐	|	+	
Munk, S. atricapilla	◐	◐	●		|		
Tornsanger, S. communis	◐	●	◐		|		
Møller, S. curruca	●	◐	●		|		
Løvsanger, Phylloscopus trochilus acredula ...	●	●	●		|	+	
acredula ...	?	○	○		|		
Gransanger, P. collybita	●	●	●		|		
Bøksanger, P. sibilatrix	●		○		|		
Fuglekonge, Regulus regulus	◐	●	●	●	●		3 obs.
Svarthvit fluesnapper, Ficedula hypoleuca	●	●	●		|		
Grå fluesnapper, Muscicapa striata	●	◐	●	○	|	+	
Buskskvett, Saxicola rubetra	●	●	●	○	|		
Steinskvett, Oenanthe oenanthe	○	●	●		|	+	
Svart rødstjert, Phoenicurus ochruros gibraltariensis ...	○		○		|		
Rødstjert, P. phoenicurus	◐	◐	○	○	|		
Rødstrupe, Erithacus rubecula	●	●	●	●	○		
Blåstrupe, Luscinia svecia	?	○	○	○	|		

	hekking	vår	sommer	høst	vinter	best. endr.	merkn.
Gråtrost, Turdus pilaris	●	●	●	●	○		
Ringtrost, T. torquatus	○	○	○	●	○		
Svarttrost, T. merula	●	●	●	●			
Rødvingetrost, T. iliacus	●	●	●	●			
Måltrost, T. philomelos	●		○	●			
Duetrost, T. viscivorus	○		○	○			
Stjertmeis, Aegithalos caudatus	○		○		◐		
Løvmeis, Parus palustris	○		○		●		
Granmeis, P. montanus borealis	●	●	●	●	○	+	
Lappmeis, P. cinctus lapponicus	│				●		1 obs.
Toppmeis, P. cristatus	●	●	●	●	●		
Svartmeis, P. ater	●	●	●	○	●		
Blåmeis, P. caerelus	●	●	●	●	●		
Kjøttmeis, P. major	○	●	○	●	●		
Spettmeis, Sitta europaea	●	○	●	○	○		
Trekryper, Certhia familiaris	●	●	●	●	●		
Gråspurv, Passer domesticus	○	●	●	○	●		
Pilfink, P. montanus	●	○	●	●	●		
Bokfink, Fringilla coelebs	○		○	●	○		
Bjørkefink, F. montifringilla	?		○	●			
Grønnfink, Carduelis chloris	○		○	●			
Grønnsisik, C. spinus	○	●	○	○	●		
Stillits, C. carduelis			○				
Tornirisk, Acanthis cannabina	○		○				
Gråsisik, A. flammea	?		○				
Rosenfink, Carpodacus erythrinus	○	○	○				

Art	hekking	vår	sommer	høst	vinter	best. endr.	merkn.
Konglebit, Pinicola enucleator	---				○		
Grankorsnebb, Loxia curvirostra	●	●	●	●	●		
Furukorsnebb, L. pytyopsittacus	●	●	●	●	●		1-2 obs.
Båndkorsnebb, L. leucoptera			○				
Dompap, Pyrrhula pyrrhula	●	●	●	●	●		
Kornspurv, Emberiza calandra			○				1 obs.
Gulspurv, E. citrinella	●	●	●	●	●		
Hortulan, E. hortulana	●	●	●				
Vierspurv, E. rustica	---	○			---		1 obs.
Sibirspurv, E. aureola	●	○			---		1 obs.
Sivspurv, E. schoeniclus	---	●	●	●	---	+	
Lappspurv, Calcarius lapponicus	---	○			---		
Snøspurv, Plectrophenax nivalis	---	●	○	○	○		3 obs.

Generelt om artskommentarene

Vi henviser ofte til Svein Haftorns bok "Norges fugler" (1971)
for å vise hvordan våre observasjoner og opplysninger stemmer
overens med allerede foreliggende litteratur om de forskjellige
arters forekomst i distriktet, eller på Østlandet eller i Norge
forøvrig.

Vedrørende raseinndeling har vi gjort dette der det har vært
mulig. Dette vil gå fram av de latinske navn i artslista. Vi har
benyttet oss av rasenavn og -inndeling når forskjellige raser av
samme art har forskjellig status/forekomst, og når den rasen av
en art som forekommer i området ikke er nominatrasen (f.eks.:
Kråke, Corvus corone cornix).

Når hekkinger er omtalt for rovfugler og ugler, er disse ikke
stedfestet av sikkerhetshensyn til arten. Dette gjelder også
noen få andre arter der vi har funnet dette nødvendig.

Observasjoner av "rype" er plassert i artskommentarene for
lirype, da vi anser det som usannsynlig at det i noe tilfelle
skulle dreie seg om fjellrype.

Det kan ifølge artskommentarene gis inntrykk av at f.eks.
sangere og vadere er blitt vanligere de senere år, noe som ikke
nødvendigvis medfører riktighet. Forholdet er antagelig at dette
er to grupper som flere observatører har hatt vanskeligheter med
å artsbestemme i felt, slik at le fleste observasjoner her er
våre egne.

Hoved-observatørene

Vi skylder alle observatørene stor takk for velvillig inn-
stilling og hjelp med innsamlingsarbeidet, uten disse ville en
såpass god oversikt over fuglelivet i Grue kommune vært umulig
å få istand. Symbolene og hva de står for:

(SL) - Sigurd Langbråthen, 2256 Grue Finnskog.

(BOK)- Bertha og Ole Kjensmo, 2260 Kirkenær.

(EB) - Einar Brataas, 2266 Arneberg.

(GAa)- Gunder Aas, 2260 Kirkenær.

(GT) - Gunvald Tørmoen, 2260 Kirkenær.

(GN) - Georg Nilsen, 2260 Kirkenær.

(MD) - Magne Dahl, 2265 Namnå.

(P) - Roy og Jørn Sæthern, Håvard og Ole Arne
       Frysjøenden, 2260 Kirkenær.

(DR) - Dag Raaberg, 2256 Grue Finnskog.

(PMK)- Per Martin Korsmo, 2264 Grinder.

(ÅN) - Åsmund Nordli, 2265 Namnå.

(RN) - Ragnar Nordli, 2265 Namnå.

(DS) - Dagfinn Sæther, 2260 Kirkenær.

(AH) - Asbjørn Holmen, 2260 Kirkenær.

(FK) - Frank Kjelgren, 2260 Kirkenær.

Observatører som her ikke er nevnt, men som har bidratt med
enkeltobservasjoner i artskommentarene, vil der være nevnt med
fullt navn. Alle observasjoner der observatørens navn eller
initialer ikke er oppgitt, er gjort av Asbjørn Sollien, Birger
Nesholen og Jan Erik Fosseidengen.

Arter som ikke er behandlet i artskommentarene

1) Trepiplerke
   Linerle
   Stær
   Skjære
   Kråke
   Hagesanger
   Løvsanger
   Fuglekonge
   Rødstrupe
   Gråtrost
   Rødvingetrost
   Blåmeis
   Kjøttmeis
   Granmeis
   Gråspurv
   Bokfink
   Gulspurv
   Lerke

2) Strandsnipe
   Rugde
   Låvesvale
   Taksvale
   Jernspurv
   Buskskvett
   Steinskvett
   Måltrost
   Toppmeis
   Tårnsvale

3) Krikkand
   Kvinand
   Vendehals
   Sandsvale
   Tornsanger
   Grå fluesnapper
   Svartmeis
   Grankorsnebb
   Furukorsnebb
   Dompap
   Skogsnipe
   Gjøk

Om disse artene kan generelt sies at gruppe
1) er "vanlig hekkende i stort antall",
gruppe 2) er "vanlig hekkende", og gruppe 3)
er "vanlig hekkende, men fåtallig".

Forkortelser og tegnforklaring i artskommentarene

ad.   = voksen fugl
juv.   = ungfugl
ind.   = individ
indv. = individer
obs.   = observasjon/
         observert
mul.   = muligens
-70   = <u>1970</u>
♂   = hann
♀   = hunn

primo = i førsten av..
medio = i midten av..
ultimo = i slutten av..
"før" eller "etter krigen" = 2. verdens-
                                    krig.
"østside" og "vestside" = i forhold til
                                Glomma.
(Kirkenær vestside = områdene like vest
 for Glomma ved Kirkenær.)

Artskommentarer

Smålom, Gavia stellata.

Hekking registrert på to lokaliteter; Røgden, ett par årlig iallfall til og med 1971 (SL), og Rønnåsmyra. Fra sistnevnte myr foreligger observasjoner fra ca. 25/8 -68, og sommeren 1969 uten påvist hekking. 7/7 -70 ble imidlertid 2 ad. + 2 ikke flyvedyktige juv. sett i det største tjernet på myra. I 1971 ble fuglen første gang sett 23/5, og 26/5 ble reir med 2 egg funnet. 4/6 var imidlertid eggene forsvunnet. Det er ikke kjent observasjoner utenfor de to nevnte lokaliteter.

Røgden og Rønnåsmyra er iflg. Haftorns beskrivelse av små-lommens utbredelsesområde i Norge, landets sørligste hekkeplasser i vår tid. Dog har senere tilkommet oss opplysninger om at den hekker enda lenger sør, bl.a. i Eidskog og Østfold.

Storlom, Gavia arctica.

Ungfugl vites skutt i Frysjøen sommer/høst ca. 1948 (GT). Hekker regelmessig fåtallig i større sjøer, størst konsentrasjon i Røgden, opptil 10 par årlig (SL).

Dvergdykker, Podiceps ruficollis.

1 ind. skutt i isråk om vinteren på Arneberg ca. 1930-32 (EB). 1 ind. hadde tilhold på Rønnåsmyra 12/9 - 16/9 -72 (GAa). Iflg. Haftorn er denne arten ikke tidligere observert i Hedmark fylke.

Horndykker, Podiceps auritus.

1 ind. oppholdt seg noen timer i Grindertjernet på ettermiddag og kveld 11/5 -73 (T. Sætre). (Denne observasjonen kan muligens settes i forbindelse med hekkelokaliteten i Stange.)

Toppdykker, Podiceps cristatus.

Ett par hekket i Røgden i 1959. 2 indv. også sett sammen på samme lokalitet i 1960, men hekking ble da ikke påvist (SL). Dessuten 1 ind. sett i Glomma ved Grinder i sommerhalvåret 1970 (T. Rolsdorph).

Storskarv, Phalacrocorax carbo.

1 ind. skutt på Arneberg mellom 1951 og 1956 (EB). 1 ind. hadde tilhold i Røgden ca. 2 mndr. våren/sommeren 1961 eller 1962 (SL). Dessuten 1 juv. skutt i Glomma ved Våler ca. 10/9 -71 (EB).

Rørdrum, Botaurus stellaris.

1 ind. skutt på Arneberg en høst i 1930-årene (EB). Iflg. Haftorn er dette kronologisk den 8. av 18 sikre observasjoner i Norge.

Hegre, Ardea cinerea.

Iflg. Haftorn en art som ekspanderer sterkt nordover og innover i landet. I Grue har vi foreløpig ingen direkte indikasjoner på hekking. Første kjente observasjon: 3 stk. holdt til ved Namnsjøen ettersommeren 1944 (RN). Sees nå regelmessig på trekk høst og vår langs Glommavassdraget, og relativt vanlig "oversomrende" langs Glommavassdraget på ettersommeren, f.eks. 4 indv. på Arneberg 7/7 -71 (F. Lerdahl) og dessuten flere observasjoner hver sommer ved Frysjøen (P).

Hegre på fiskeplassen.

Svartstork, Ciconia nigra.

Iflg. Haftorn 1 ind. skutt ved Hasleåa, nord for kommunen,
9/5 1888. Dette er kronologisk den 4. av 7 observasjoner i Norge.
17/6 1976 ble 1 ind. observert på Åsnes Finnskog like nord for
Grue. Fuglen ble sett i ca. 10 minutter, helt ned på 5-6 meters
hold (S. I. Briskerud). Så vidt oss bekjent den 8. observasjon i
Norge.

Canadagås, Branta canadensis.

1 ind. sett i Grindertjernet tidlig morgen 20/4 -73. 7 indv.
i flokk på bakken ved Kirkenær ca. 28/9 -75 (GAa). Arten er iflg.
Haftorn ikke tidligere registrert i Hedmark fylke. Våren 1976
gikk utmarkslagene i Grue/Grue Skogeierlag til innkjøp av 40
ungfugler for utsetting i kommunen i forsøk på å få opp en bestand
av arten. De første 13 ble satt ut i Namnsjøen primo juli 1976.

Hvitkinngås, Branta leucopsis.

Iflg. Haftorn er arten sjelden på Østlandet, ikke observert i
Hedmark fylke. Fra Grue er 3 observasjoner kjent: 2 indv. skutt
ut av en flokk på 4 ved Glomma ved Kirkenær ca. primo oktober i
1965. 1 ind. skutt på Arneberg på samme tid. Videre 1 ind. skutt
i Brandval, også dette omtrent samtidig. (Alle opplysninger fra
B. Kordahl).

Ringgås, Branta bernicla.

2 stk. skutt ut av en flokk på ca. 50 på vårtrekk i Røgden
mellom 1945 og 1950. Hvilte på isen ved åpent vann (SL). Iflg.
Haftorn dreier observasjoner fra det indre østland seg sannsynlig-
vis om individer av den østlige rasen, og han nevner bare en
observasjon fra Hedmark, Odalen 31/3 1879.

Grågås, Anser anser.

1 ind. i Glomma ved Kirkenær 5/5 -73.

Tundragås, Anser albifrons albifrons.

Iflg. Haftorn:1 ind. av denne rasen skutt "Grue ved Kongsvinger"

28/12 1887. Våre observasjoner: 3 indv. hadde tilhold på et jorde ved Kirkenær 13/4 - 19/4 1971.

Sædgås, Anser fabalis fabalis.

Minst 2 stk. innkommet for preparering litt før 1940 (EB). 1 ind. holdt sammen med 12 knoppsvaner i Gardsjøen 22/5 og 23/5 -73.

GJESS. Branta sp. og Anser sp.

Foruten de observasjoner som er nevnt under de forskjellige arter har vi fått mange opplysninger om at "gjess" sees på trekk, f.eks. fra (SL), som sier at han ser opptil 80 stk. i flokk hver vår ved Røgden. (GAa) opplyser at han på slutten av 1950-tallet i månedsskiftet juni/juli støtte på 2 gjess i skogområdet i vest, mot Odalen, som ikke ville ta til vingene, men gikk opp på land og trakk vekk fra vannet, inn i skogen.

Knoppsvane, Cygnus olor.

Iflg. Haftorn en art som ekspanderer sterkt som følge av økning av den svenske og danske stamme, men han nevner ikke observasjoner fra Hedmark fylke.

Første kjente observasjon er fra ca. 1961, i Røgden. Sett der nesten hver vår og høst siden dette, opptil 4 indv. (høsten 1971) (SL). Første forekomst av hekking kjent fra Gardsjøen i 1970, men grunnet ustabil vannstand og stadig tilstrømming av nysgjerrige folk forlot paret hekkeplassen etter å ha lagt 5-6 egg.

Det sies også at et par (det samme?) forsøkte å hekke et senere år, men dette har vært umulig å verifisere. Til Gardsjøen har 5-6 indv. ankommet hver vår og ligget til uti juni. I 1973 lå hele 12 stk. der i denne perioden, men bare 2 av dem var etter hva vi kunne skjønne forplantningsdyktige.

I 1974 hekket imidlertid 2 par vellykket i Strandsjøen. Det ene paret hadde 4 egg, hvorav 3 ble klekt. 1 unge forsvant etter kort tid. Det andre paret hadde 6 egg, men dette resulterte i bare 1 unge. Begge parene med unger holdt til i sjøen til isen tvang dem ut i Glomma. (Opplysninger fra Strandsjøen fra E. Larsson.)

I 1975 hekket også 2 par i Strandsjøen. Det ene reiret ble imidlertid plyndret, antakelig av rev etter at vannstanden sank utpå sommeren.

24

I 1976 hekket 3 par i sjøen, hvorav ett par hadde 7 egg som alle ble klekt (A. Østby).

Sangsvane, Cygnus cygnus.

Første kjente observasjon: 1 ind. skutt i Gardsjøen ca. 1918 (GN). Nå vanlig på trekk, hovedsakelig vårtrekk, i flokker på opptil 11 indv., f.eks. Arneberg 1968 (F. Lerdahl). Overvintrer i området iallfall sporadisk, således en liten flokk i Nuguren vinteren 1971/72 (PMK), og 2 indv. sammen med 5 stokkender i Haugsåa ved Hukusjøen minst 2 vintre i 1960-åra (GAa).

Rustand, Tadorna ferruginea.

Iflg. Haftorn 1 ♂ skutt "Grue i Solør" 2/8 1892. Han opererer med 13 observasjoner i Norge, hvorav denne kronologisk er nr. 2 i rekken.

Gravand, Tadorna tadorna.

1 ♂ ved Arneberg våren 1969 (F. Lerdahl) og 1 ♀ i Gardsjøen 18/4 -76. Iflg. Haftorn er dette 2. og 3. kjente observasjon i Hedmark.

Stokkand, Anas platyrhynchos.

Arten overvintrer i området når forholdene gjør det mulig. 5 indv. overvintret i Haugsåa ved Hukusjøen sammen med 2 sangsvaner minst 2 vintre i 1960-åra. Minst 6 indv. (3 ♂♂ + 3 ♀♀) holdt til i Glomma på sørgrensa av kommunen vinteren 1971/72. Ble sett så sent som 10/3 -72 på samme lokalitet. Neste vinter ble en flokk på over 80 ender registrert samme sted. Denne flokken lå der hele vinteren, og besto overveiende av stokkender.

Snadderand, Anas strepera.

1 juv. skutt Frysjøen ca. aug. 1970 (GT). Iflg. Haftorn foreligger fra før 1 funn fra Hedmark: Akersvika 6-7/5 -70.

Brunnakke, Anas penelope.

Kjente hekkinger: Kull sees årlig i Røgden (SL), dessuten ett

25

tilfelle kjent fra Arneberg, mellom 1950 og 1952 (EB). Sees ellers
vanlig på vår- og høsttrekk langs Glomma. Iflg. Haftorn er arten
tidligere ikke kjent som rugefugl i Hedmark.

Stjertand, Anas acuta.

Sees sjelden, bare på trekk. Alle kjente observasjoner: 1
udatert ind., preparert, i privat eie. 1 av flokk på 3 skutt
høsten 1936 eller 1937 (EB). 1 par i Gunnarsrudsjøen 14/5 -69.
1 ♀ skutt medio okt. 1969 (GAa). 1 ♀ skutt okt. 1969 (MD). 1 par
i Gardsjøen 30/4 -70.

Knekkand, Anas querquedula.

1 par sett i Grindertjernet 15/5 - 16/5 -72. Videre ett par i
Silvatnet 17/5 (muligens samme) (T. Sætre). Igjen ett par i
Grindertjernet 18/5 og 23/5 (Også dette muligens samme). Dessuten
2 ♂♂ i Grindertjernet 9/5 -73 (T. Rolsdorph).
Iflg. Haftorn foreligger 11-12 observasjoner av arten fra
Hedmark.

Skjeand, Anas clypeata.

Haftorn opererer med 5 observasjoner fra Hedmark. Fra vårt
undersøkte område foreligger: 1 ind. skutt i Strandsjøen høsten
1932 eller 1933 (EB). 1 ind. skutt primo sept. 1964 (GAa). Fra
1969 har arten opptrådt sporadisk både på vår- og høsttrekk,
særlig i Gardsjøen. Oftest enkeltvis eller parvis, men opptil 2
par er sett samtidig: i Gardsjøen 29/4 -72. 1 ♂ hadde fast til-
hold i Gardsjøen i månedsskiftet mai-juni 1976 uten at hekking
ble påvist.

Taffeland, Aythya ferina.

1 par sett i Austadsjøen ved Arneberg 7/5 -70. Iflg. Haftorn
er dette 2. observasjon i Hedmark.

Toppand, Aythya fuligula.

(EB) opplyser at arten opptrådte i stort antall "før". Nå sees
den vanlig/noe fåtallig på trekk (overveiende vårtrekk) både ved
Glommavassdraget og i Røgden. Sommerobservasjoner: 1 par på

26

Rønnåsmyra 20/6 -72, samt 1 par som hadde tilhold på myra hele
sommeren 1973 uten at hekking ble påvist.

Bergand, Aythya marila.

Første kjente observasjon: 1 ind. skutt ca. 1928 (EB). Videre
et par sett i et tjern ved Grinder våren 1969 (PMK). 1 ♂ sett i
Gardsjøen primo mai 1971, og 3 indv. skutt på Rønnåsmyra i
september samme år (GAa). Våren 1971 ble også et par sett i Rotna
ved Svullrya (DR). Sommeren 1972, 1 par i Rotna ved Svullrya
(J. E. Welten). På Rønnåsmyra ble 1 ♀ observert 12/8 samme år.
Våren 1974 ble minst 1 ind. sett i Gardsjøen (GAa).

Ærfugl, Somateria mollissima.

1 ♂ skutt i Rotbergsjøen høsten 1968 (EB). Tegn tyder også på
at arten har forekommet minst en gang til i området, idet en ♂
iflg. beskrivelser fra L. Fosseid ble sett i Hukusjøen i oktober
måned ca. 1961.

Svartand, Melanitta nigra.

6/5 -70: 1 ♂ i Glomma ved Grinder (PMK). 30/4 -72: 11 indv.
(♂♂ og ♀♀) i Glomma ved Kirkenær (T. Sætre). Se dessuten kommen-
tarer til sjøorre.

Sjøorre, Melanitta fusca.

Flere usikre observasjoner når det gjelder denne arten gjør
at vi er noe usikre på dens status. (Det samme gjelder svartand).
Vi har imidlertid funnet å kunne bruke denne opplysningen: Noen
få indv. sees hver høst, opptil 10 i flokken, observert senest i
1971 (SL).

Havelle, Clangula hyemalis.

2 forekomster av ikke stedfestede eksemplar : 1 ind. skutt
høsten 1934 eller 1935, og 1 ind. skutt mellom 1945 og 1955 (GN).

Lappfiskand, Mergus albellus.

1 ind. skutt ved Arneberg om høsten ca. 1933 (EB). 1 par sett

i Glomma ved Grinder 24/4 -74 (T. Rolsdorph).

Arten er iflg. Haftorn sett "adskillige ganger" i Lørdalen i Trysil, og dessuten er en ♀ registrert i fylket, ved Kongsvinger 31/1 1912. Våre opplysninger kan muligens settes i forbindelse med forekomstene i Trysiltraktene, som var aktuelle iallfall så sent som ca. 20/4 -59, da en ♂ ble skutt der.

Siland, Mergus serrator.

Iflg. (GT) hekker denne arten i Skasen og Frysjøen, minst ett par årlig, unntatt i 1970 og 1971, da det ikke ble sett silender her. Ved Glommavassdraget har vi imidlertid bare en eneste observasjon av den: 1 par i Glomma ved Kirkenær 28/4 -69.

Laksand, Mergus merganser.

Sees regelmessig på trekk både vår og høst (særlig vår), både nede ved Glomma og inne på Finnskogen. (SL) har observasjoner av arten iallfall fra de siste ca. 55 år. Hekking forekommer regelmessig på visse lokaliteter, ellers spredt og tilfeldig. Iflg. (P) hekker den hvert år i Frysjøen, unntatt i 1972. Nøyaktig det samme sier (SL) om Røgden. I Tysjøen hekket den 2 år på rad i begynnelsen av 1960-årene (GAa). Dessuten hekking på et stall-loft i Kvesetberget ca. 1963, og i holk på Arneberg vestside i 1972 og 1973 (EB). Ved Svullrya, Grue Finnskog observerte O. Jonsson ad. + "flere" juv. i 1973. I 1975 og 1976 ble funnet hekking på et hytteloft sør for Frysjøberget. Siste år var det to reir på samme loft, inneholdende 17 og 13 egg (T. Moe og E. Moen). 17 egg i ett reir er 3 egg mer enn det som er notert for laksand, slik at det her kan være snakk om at to ♀♀ har benyttet samme reiret.

Fiskeørn, Pandion haliaëtus.

En art som før i tiden forekom hekkende, men som så var meget sjelden å se en periode. Ser nå ut til å ha tatt seg noe opp igjen. Hekket fast på en lokalitet fra ca. 1956 til ca. 1960, da den ene av ad. ble skutt. Hekket så igjen på samme lokalitet fra ca. 1965 til ca. 1968 (SL). Dessuten ei hekking kjent fra ca. 1956, også der ble den ene av ad. skutt. Hekket i Åsnes 1975 og -76. Dessuten er flere indv. sett sammen hele sommeren på flere lokaliteter i området, således hadde i 1974 3 indv. fast tilhold

28

ved en sjø i nordre deler av kommunen i hele sommersesongen
(E. Larsson).

Vepsevåk, Pernis apivorus.

Det går ikke fram av opplysninger at denne arten har vært sær-
lig vanligere enn den er nå. Forekomsten må karakteriseres som
meget sparsom, og i perioden 1960-1976 kan vi bare vise til 4
kjente hekkinger: 2 hekkinger på forskjellige lokaliteter i 1971,
og på en 3. lokalitet i 1972 og 1973 (P), (PMK).

Vepsevåk, fullfjæret ungfugl.

29

Hønsehauk, Accipiter gentilis.

Om størrelsen av hønsehaukbestanden strides stadig jegere,
amatørornitologer og andre interesserte. Bestanden vurderes vel
av de enkelte ut i fra hvilket grunnsyn de har på fugler generelt,
jaktbart vilt og økologi, og påstandene er til dels sterkt mot-
stridende. En nærmere undersøkelse av bestandens størrelse og
skadevirkninger gjennom hele året er ønskelig.

(GT) forteller at hekking forekommer årlig. Iflg. våre egne
observasjoner er det å anta at hekking forekommer årlig i kom-
munen, men neppe i slikt antall at bestanden kan regnes for stor.
Dog er arten å se sporadisk gjennom hele året, særlig på høst-
trekk på egnede lokaliteter. 4-5 stk. vites skutt etter 1970,
tross fredning.

Spurvehauk, Accipiter nisus.

Iflg. opplysninger har arten gått tilbake i antall i løpet av
de siste 15-20 år. Dog er den fremdeles en relativt vanlig fugl
i området.

Fjellvåk, Buteo lagopus.

12-13 indv. sett, derav noen skutt og preparert, i løpet av
perioden ca. 1950-1974. Bare på ettersommer og høst, særlig høst.
Siste observasjon foreløpig er av 2 indv. 7/8 -74 (DR).

Musvåk, Buteo buteo.

Iflg. egne og innsamlede observasjoner: En relativt liten,
men fast bestand.

Kongeørn, Aquila chrysaetos.

Kjente observasjoner: 1 juv. sett ved Arneberg i månedsskiftet
nov./des. ca. 1956 (MD). 1 juv. skutt Kirkenær vestside 14/12 -57
(GAa). 2 indv. sammen over Røgden ca. 1961, "dessuten sett en
eller to til" (SL). 1 juv. vinteren 1966/67 ved Namnsjøen (MD).
1 juv. ca. 1 mil vest for Kirkenær våren 1967 eller 1968 (T. Sætre).
1 ind. på en lokalitet i samme området 19/10 -69 (GAa).

30

Myrhauk, Circus cyaneus.

1 juv. ♂ skutt i høstjakta "for endel år siden" på Arneberg vestside. Preparert, i privat eie (E. Mælum).

Steppehauk, Circus macrourus.

1 ♀ skutt ettersommeren ca. 1956 idet den var i ferd med å fortære ei skjære den nettopp hadde drept. Preparert, i privat eie (L. Sætre). Iflg. Haftorn er dette en av totalt 22 observasjoner i Norge.

KJERRHAUKER, Circus sp.

Foruten de som er nevnt under artskommentarene er 4-5 observasjoner av ikke artsidentifiserte kjerrhauker kjent i perioden 1960-1976.

Jaktfalk, Falco rusticolus.

En hekkelokalitet kjent, denne ble imidlertid benyttet iallfall fra ca. 1885, iflg. opplysninger "årvisst". Var hvert år utsatt for forfølgelse (minst én av ad. skutt). Ca. 1938 ble selve hekkeplassen, som lå i meget bratt steinvegg, rasert, og etter dette er ingen hekking kjent (S. Hytjanstorp). Observasjoner siden dette: 1 ind. skutt ca. 1960 (EB). (SL) opplyser at han oppover i årene har sett "noen eksemplarer", oftest 2 sammen. Hans seneste observasjon er fra ca. 1969, også da 2 stk. i følge.

Vandrefalk, Falco peregrinus.

1 ind. funnet dødt etter kollisjon med kraftledning i 1951 eller 1952, og 1 ind. skutt 1957 eller 1958 (EB). 2 indv. fanget i månedsskiftet jan./feb. ca. 1969 (SL).

Lerkefalk, Falco subbuteo.

Haftorn nevner 9 observasjoner fra Østlandet de senere år.
Flere av opplysningene om denne artens forekomst har vært usikre eller umulig å verifisere, derfor er vi noe usikre på dens status i området. Vi har imidlertid funnet å kunne bruke disse:
4 stk. skutt ca. 1934; dessuten preparert 4 til, derav 3 inn-

kommet samme høst (1957 eller 1958); hekket i 1957 eller 1958
(EB). Hekket ca. 1956 (GT). Et par som holdt "svært leven" på
en og samme lokalitet både ca. 1966 og året etter ble antatt å
hekke (GN). 1 ind. funnet etter å ha fløyet seg ihjel mot kraft-
ledning ca. 1967, og 1 ind. skutt ca. 1/9 -71 (GT). 1 ind. ob-
servert på kort avstand under gode observasjonsforhold primo
juli 1972 (RN)+(ÅN).

Dvergfalk, Falco columbarius.

Denne arten ser ut til å forekomme regelmessig, iallfall på
høsttrekk. Preparant (EB) sier at han fikk inn et par stykker
hver høst før fredningen trådte i kraft. Kjente hekkinger: 2 år
etter hverandre på samme lokalitet, ca. 1946 og 1947 (MD). Iflg.
Haftorn er det ikke før kjent hekkinger fra dette område i
landet, selvom mistanke om dette foreligger.

Tårnfalk, Falco tinnunculus.

Arten har iflg. opplysninger alltid vært relativt fåtallig,
men i de senere år ser det ut til at den er gått ytterligere
tilbake. Imidlertid hekker den antagelig fremdeles årvisst, om
enn meget fåtallig.

Lirype, Lagopus lagopus.

På 5-6 lokaliteter relativt vanlig å se iallfall til etter 2.
verdenskrig. Bestanden har så etterhvert minket fram mot 1960,
og observasjoner gjort etter dette, må sies å være sjeldne.
Observasjoner som er kjent etter 1960: 2. indv. på Skasberget
ca. 1961 (B. Hordvik). 1 ind. ved Namnsjøen ca. januar måned i
1965 (MD). 5-6 indv. ved Frysjøen våren ca. 1966 (GT). 1 ind. på
veistrekningen mellom Namnsjøen og Rotna 30/3 -69. Vinteren
1969/70, 1970/71 og 1971/72 så (SL) noen få indv. i Røgden-
området. Siste kjente hekking: Kull på 7 juv. sett i Røgden-
området ca. 1961 (SL). Tegn tyder imidlertid på at hekking har
forekommet i de senere år, men dette har vært umulig å verifi-
sere.

32

Jerpe, Tetrastes bonasia.

Iflg. opplysninger og egne observasjoner, en art som har store krav til den biotop den skal leve i. Med de siste 10-års skogskjøtsel er disse biotopene i ferd med å forsvinne, hvilket gjenspeiler seg i artens utbredelse i kommunen. I årene like etter 2. verdenskrig var det mulig å skyte opptil 20 stk. i løpet av høstjakta for en mann, men fra da av har arten stadig gått tilbake i antall, og jegere som bekymrer seg om viltstellet i kommunen har sluttet å etterstrebe den. Relativt sjelden å se, særlig etter ca. 1960.

Orrfugl, Lyrurus tetrix.

Bestandsstørrelse og -svingninger følger tilsynelatende stor- fuglens (se denne). Selvom de aller fleste spillplasser vi har opplysninger om har 5-15 fugler i spilltida, finnes det ihvert- fall en lokalitet der det er blitt registrert over 50 stk. de senere år, således i 1972: 23 ♂♂ og 30 ♀♀ (P).

Storfugl, Tetrao urogallus.

Det er på det rene at arten her i distriktet har fulgt den generelle tilbakegang som er registrert ellers i landet, og selvom bestanden varierer noe fra år til annet, må den sies å ligge på et lavt nivå. Når det gjelder innvandring østfra av den såkalte "Russertiuren" som iflg. beskrivelser er "mindre og mørkere" enn vanlig storfugl (vekt ca. 2,5 kg), er iallfall ett tilfelle registrert: Masseinnvandring i et av årene mellom 1936 og 1941. Ble sett i "store flokker", og ved Namsjøen ble en slik flokk anslått å inneholde ca. 250 indv. (S. Hytjanstorp).

RAKKELHØNS (Krysning mellom storfugl og orrfugl).

Endel er observert og skutt opp gjennom årene, og vi vet at rakkelhøns fra Grue Finnskog står preparert både på Tøyen i Oslo og på Skogbruksmuseet i Elverum. Minst 5 observasjoner er gjort etter 1956, både på spill om våren og i høstjakta.

Rapphøne, Perdix perdix.

En liten stamme holdt til på Tjura ved Gardsjøen rundt 1920,

men forsvant så (GN). (EB) har fått inn 3 stk. til preparering
etter ca. 1930, den siste i 1964 eller 1965.

Fasan, Phasianus colchicus.

Grue er i "Vilt og Viltstell" nr. 4/1969 angitt som et
"annenrangs" område for utsetting av fasaner, det er bl.a. for
mye snø i området i vinterhalvåret. Utsetting er imidlertid
foretatt på flere steder. (GT) opplyser at det er blitt sluppet
bl.a. ved Frysjøen, og at også 20 stk. ble satt ut i Røgden-
området ca. 1950. Brede Schjellungen har nord for Arneberg satt
ut både kyllinger og tildels voksne, verpeferdige høner av
korea-mongol-rasen hvert år i tidsrommet ca. 1960-ca. 1966. Et
år satte han ut hele 60-70 kyllinger. Han meddeler imidlertid
at det er vanskelig å få bestanden til å forøke seg slik som
ønskelig ved hjelp av naturlig formering blant de som er satt
ut.

Bestanden har altså vært jevnt liten i kommunen, og over-
veiende konsentrert i de flatlendte strøkene langs Glomma. De
siste 3-4 år mener vi å ha registrert en viss økning i antall
fasaner, og flere hekkinger er påvist. Medvirkende årsak her
kan være at de siste vintrene har vært relativt milde og snø-
fattige.

Trane, Grus grus.

I "Norges fugler" er det oppgitt at arten "har tilhold på
Stormyra ved Namnå i Solør". Denne opplysningen kan sies å ikke
medføre riktighet lenger, da traner veldig sjelden sees på denne
myra.

Imidlertid har vi en av landets største rasteplasser for
traner på vårtrekk, da over 150 stk. er blitt sett samtidig ved
Silvatnet. Dessuten er over 100 indv. sett samtidig på Reinn-
myra. Nå er imidlertid denne myra rasert av grøfting og torv-
uttak, og høsten 1973 ga dette seg utslag i at tranene, som også
om høsten benytter Reinnmyra, istedet hadde tilhold på den nær-
liggende Rønnåsmyra. Her kunne 19/8 -73 58 traner sees rastende,
og disse holdt til på stedet i flere dager.

Hekket antagelig langt vanligere for ca. 50 år siden enn nå,
men iflg. Haftorn har denne arten trukket sin sørlige ruge-

grense nordover i løpet av de siste 70-80 år. Her i kommunen
har vi hatt minst 3-5 par hekkende pr. år i årene 1965-1972.
En av disse hekkeplassene er iflg. "Norges fugler" sannsynlig-
vis Norges sørligste hekkeplass i vår tid.

Vannrikse, Rallus aquaticus.

Meget sjelden, bare én observasjon kjent: 1 ind. ved Gard-
sjøen 12/10 -71. Iflg. Haftorn foreligger bare 6-7 innlands-
observasjoner av arten forøvrig.

Myrrikse, Porzana porzana.

Meget sjelden. Tilhold av 3 syngende indv. kjent, alle i
Gardsjøen: 1 ind. med tilhold minst 1 mnd. sommeren 1951 (BOK).
1 ind. ultimo mai 1975, og 1 ind. sang hver natt i månedsskiftet
mai-juni 1976. Iflg. Haftorn (Rosenberg 1955) tyder slik sang
utover forsommeren på at hekking ikke foregår, da parede ♂♂ blir
tause straks etter ankomsten.

Åkerrikse, Crex crex.

Iflg. "Norges fugler" skjedde utryddelsen av arten her i
kommunen tidligere enn i visse andre kommuner der den også er
forsvunnet, dvs. i løpet av 1930-årene. Våre kontaktmenn opp-
lyser at siste kjente hekking fant sted i tidsrommet 1935-1940
ved Gardsjøen, og etter 1940 er den blitt regnet for å være
meget sjelden, etter 1950 nesten borte. Observasjoner etter
1960: 1 ind. hørt en ettermiddag sommeren 1963 eller 1964 på
Kirkenær vestside. 1 ind. hørt ved Kirkenær sommeren 1970
(A. B. Nordahl). 1 ind. hørt i tidsrommet ca. 1/6 til ultimo
juli 1971 på Namnå. 1 ind. hørt ved Gardsjøen noen dager før og
etter 23/7 -72 (BOK). 1 ind. funnet ihjelkjørt ved Kirkenær
sommeren ca. 1972 (Bj. Nesholen). 1 ind. 22. og 23/8 -75 i
Lønnhaugen, Grue Finnskog (J. E. Wålberg).

Sivhøne, Gallinula chloropus.

1 ♂ funnet død ved Glomma på Kirkenær vestside i vårløsningen
1967. Hadde antagelig forsøkt å overvintre, da den hadde vært
nedsnødd og dessuten hadde et tykt snølag under seg. (EB) opp-

lyser at han ser enkelte "år om annet" ved Arneberg, f.eks. et
enslig individ 27/4 -68. Fra perioden 1971-1973 hadde vi årlige
observasjoner av 2-3 indv. i sommerhalvåret i Grindertjernet.
Ettersommeren 1971 ble også 1 ad. + 5 juv. sett sammen her, og
det er sannsynlig at det dreide seg om hekking, da et forlatt
reir ble funnet i dunkjevle-vegetasjonen 24/10 samme år, som
iflg. bygning og beliggenhet kunne være av sivhøne. 2/9 -71:
1 ind. skutt i Gardsjøen (GT). Ca. 5/4 -73: 1 ind. funnet dødt
(ihjelfløyet) øst for Flisa sentrum (J. Aabakken). 1 ind. sang
om nettene i månedsskiftet mai-juni 1976 i Gardsjøen.

Sothøne, Fulica atra.

   Iflg. Haftorn tilfeldige innlandsobservasjoner, bl.a. fra
Grue. Våre observasjoner og opplysninger: (EB) ser arten noen
enkelte år. 1 ind. skutt ved Namnå ca. 1963 (MD). 2 ind. hadde
fast tilhold i Daugvatnet ved Arneberg sommeren 1968, dog uten
at hekking ble påvist (EB). Et sykt eksemplar tatt inn på en
gård ved Gardsjøen 17/4 -70, døde imidlertid etter få dager (GN).
1 ind. i Grindertjernet 19/5 -72. 1 ind. 7/5 -74 i Gardsjøen
(GAa). 1 ind. i Strandsjøen 24/5 -74.

Sothøne. Den hvite panneplaten karakteristisk.

Tjeld, Haematopus ostralegus.

Haftorn i "Norges fugler": Ca. 245 km. nord for Glommas ut-
løp, ved Kirkenær i Solør, holdt 2 indv. seg i flere uker i
mai-juni 1968, og et 3. ind. ble funnet dødt i mai (G. Aas m.).
Iflg. B. Nesholen (m.) ble et tjeldreir (med egg) på Skulstad-
holmen ved Kirkenær dette år tatt av flom.
    Andre observasjoner kronologisk:
    (EB) opplyser at han ser enkelte indv. med opptil 15 års
mellomrom. 1 ind. skutt ved Skasen ca. 1961 (GN). 3 stk. obser-
vert, derav 1 skutt, ved Frysjøen medio mai 1963 eller 1964 (GT).
23/5 -69: 1 ind. på Skulstadholmen. 2 indv. sett, derav 1 foto-
grafert, ved Nøklevann på grensen mot Nord-Odal 17/5 -70
(J. Bekken). 25/5 -71: 1 ind. igjen på Skulstadholmen, som i
1968 og 1969 (S. Reisch). 1 ind. ved Gardsjøen i mai 1972 (GAa),
og 1 ind. ved Glomma ved Sorknes (Namnå) 17. og 18/7 -76
(J. L. Sorknes).

Sandlo, Charadrius hiaticula.

    Er blitt iakttatt på trekk i Gardsjøen og Grindertjernet i
perioden 1969-1975, i flokker fra 2-3 til 15 indv. av sandlo og
dverglo sammen.

Dverglo, Charadrius dubius corunicus.

    Det er kjent hekkinger på to lokaliteter, ved Frysjøen og på
Kirkenær vestside. Ved Frysjøen ble arten sett første gang
19/6 -66, men ingen bevis for hekking ble da funnet. I 1967 ble
imidlertid 2 juv. funnet. Voksne fugler ble også sett her i
(1968?), 1969 og 1970, dog ble ikke hekking påvist (GN).
    På Kirkenær vestside ble et par sett 25/7 -69 (J. Bekken).
Først i 1970 ble hekking påvist, da vi fant et reir med 4 egg.
Medio juli 1971 ble igjen reir funnet (3 egg + 1 juv.)
(T. Sætre). I 1973 ble arten også observert her av oss (19/5:
2 indv., 5/6: 1 ind. og 7/6: 1 ind. (nr. 2 på reir?)). Videre
ble 3 ad. sett på samme lokalitet våren 1974, og 1 ind. 8/7 -75.
    Sommerobservasjoner foreligger fra 3 andre steder: 1 ind.
hørt varslende i Gardsjøen 26/5 -73, videre hørt sammesteds i
månedsskiftet juni/juli. 2 varslende indv. på en holme i Glomma
ved Kirkenær 21/6 -74. 2-3 indv. på sandstrand ved Røgden 10/7 -74.

Vedrørende trekk har denne arten samme status som sandlo
her i området.

Iflg. Haftorn er Grue en av de nordøstligste rugeplasser for
arten i Norge.

Boltit, Eudromias morinellus.

En enkelt observasjon kjent: 1 ind. skutt og siden preparert,
Arneberg 22/4 -35 (EB).

Heilo, Pluvialis apricaria.

Har vært å se relativt ofte på vårtrekk på dyrket mark og i
sumpområder, iallfall fra ca. 1965. Flokker av varierende
størrelse, fra 10-12 indv. til ca. 300 indv. (som ble sett ved
Gardsjøen våren 1973 (H. Hansen)). Dog må sistnevnte sies å
være uvanlig stort antall her i området. Få høstobservasjoner,
men vites iallfall iakttatt ved Glomma ved Kirkenær høsten
1968 og 1971.

Reir med 3 egg funnet på Rønnåsmyra 8/7 -73. Iflg. Haftorn
er dette første hekkefunn av arten på lavlandet i innlandet i
Sør-Norge. Meget vanskelig å rasebestemme dette paret, men
p.g.a. bl.a. "ansiktet", som ikke var rent svart, men "urent"
farget, anslo vi den til å tilhøre den sørlige rasen (Pluvi-
alis a. apricaria).

Tundralo, Pluvialis squatarola.

Meget sjelden. Iflg. Haftorn bare 3 observasjoner fra inn-
landet siden år 1900. I tillegg kommer våre observasjoner, alle
fra Gardsjøen: 1 ind. 20/9 -71, og 2 indv. sammen 18. og 19/9
-73. Alle i vinterdrakt.

Vipe, Vanellus vanellus.

Dette er en art som iflg. "Norges fugler" utvidet sitt ut-
bredelsesområde i begynnelsen av vårt århundre, og kanskje for-
såvidt ennå ikke har sluttet med dette, og dette stemmer bra
overens med de opplysninger vi har fått inn herfra:

(GN) mener at de første indv. viste seg i Kirkenærområdet
rundt året 1930. (MD) opplyser at første gang han observerte

38

arten i flokk var ved Namnsjøen i mars måned 1953 eller 1954, hvilket tilsier at bestanden i Grue da ikke var av noen særlig størrelse. Men i løpet av de siste 20 årene er den blitt en meget vanlig rugefugl på og ved dyrket mark, og i myr- og sumpområdene i kommunen. På trekk sees den i flokker på opptil ca. 100 stk. (F.eks. på høst i Gardsjøområdet).

Strandsnipe med unge.

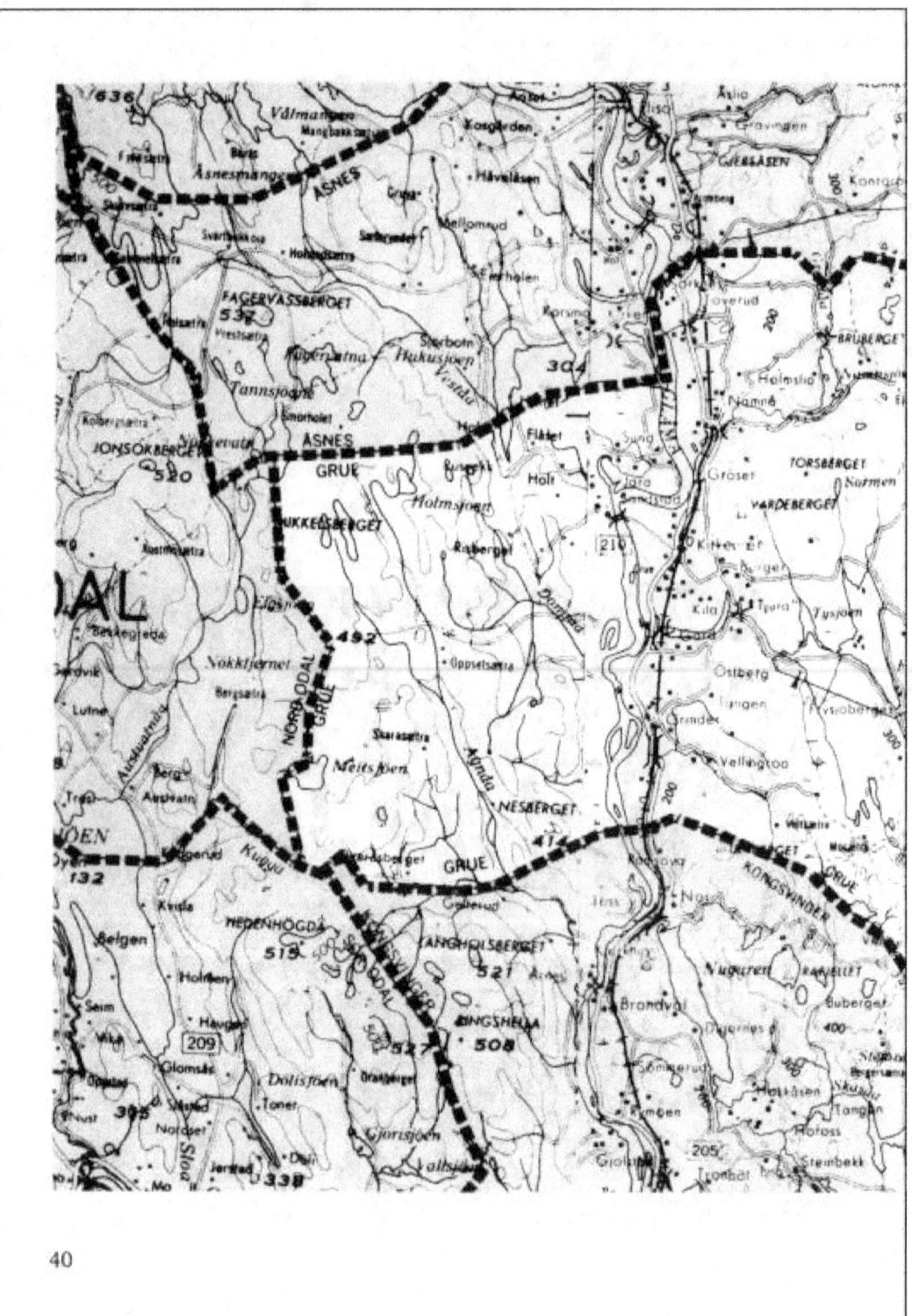

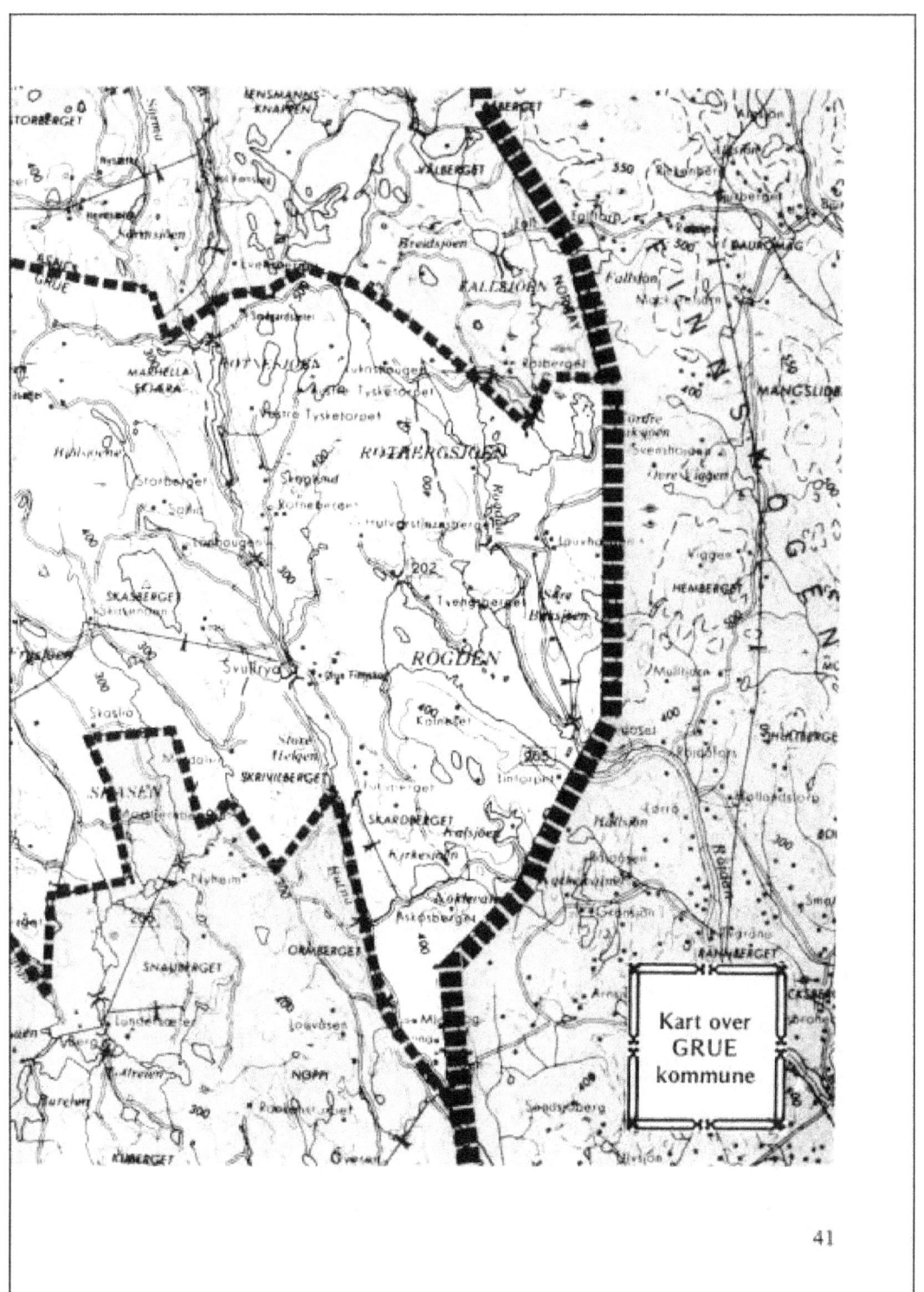

Kart over
GRUE
kommune

Dvergsnipe, Calidris minuta.

Minst 1 ind. skutt primo sept. ca. 1965 ved Gardsjøen (MD).
Deretter foreligger ingen observasjoner før i 1970, da 2 indv.
ble sett 8/9 i Grindertjernet. I 1972 ble 9 observasjoner gjort
(ved Gardsjøen), derav 8 på høsttrekk (27/8 - 3/9) av flokker
på 1-2 til ca. 20 indv.

(På det kjente trekkstedet Presterødkilen ved Tønsberg fore-
kommer dvergsnipa iflg. Haftorn i flokker som neppe overstiger
10-13 i antall.)

Temmincksnipe, Calidris temminckii.

Denne arten ble påvist første gang ca. 1965, da 1 ind. ble
skutt primo sept. ved Gardsjøen (MD). Etter denne observasjonen
foreligger ingen før i 1970, da 2 indv. ble sett i Grinder-
tjernet 2/8, og 4-5 stk. i Gardsjøen 21/8. Videre: 16/5 -72:
5 stk., 5/8 -72: 1 stk., 30/8 -72: 4-5 stk., alle ved Gardsjøen.

Myrsnipe, Calidris alpina.

Kjente forekomster: Observert på trekk, særlig hyppig i
Gardsjøen. 1 ind. her 21/8 -70, videre i 1971, 1972 og 1973 på
høsttrekk i flokker på opptil 60-70 indv. Vårtrekk: 1 ind. ved
Gardsjøen våren 1972.

Iflg. (SL) hekker den ved Røgden sannsynligvis årvisst, i og
med at han finner reir nesten hvert år. I forbindelse med dette
kan nevnes en observasjon av et enslig ind. ved Svullrya våren
1972 (DR).

Haftorn nevner ikke arten hekkende i de indre lavlands-
områdene i Sør-Norge.

Polarsnipe, Calidris canutus.

Meget sjelden, i og med at den antagelig har en trekkvei som
gjør at den bare i liten grad berører Norge (Haftorn 1971). I
"Norges fugler" står oppgitt 2 innlandsobservasjoner, Øyeren
1879 og Akersvika 1970.

Fra Gardsjøen har vi den 2 år etter hverandre: 8-9 indv.
21/8 -70, og 1 ind. 26/9 -71. Fra Grindertjernet: 1 ind. 2/8 -70.

Brushane, Philomachus pugnax.

Er blitt sett som en av de vanligste vadere på trekk langs
Glommavassdraget vår og høst iallfall fra ca. 1965. I de senere
år er den særlig blitt sett i Gardsjøen, der flokker på 30-50
stk. forekommer, og flokker på 6-7 til 20 stk. er vanlige å se.
Under trekket er arten også iaktatt spillende, f.eks. ved
Gunnarsrudsjøen, Arneberg 14/5 -69. Dessuten ved Strandsjøen,
Arneberg 13/5 -70 (E. Larsson), og hvert år i Gardsjøen siden
ca. 1969. Imidlertid er det ingen observasjoner som tyder på at
arten hekker.

Haftorn nevner at tidligste kjente ankomstdato for ♀ sørpå
er 9/5 ved Tønsberg, 1960. Fra Grue foreligger følgende tidlig-
noteringer: 1971: Ca. 30 indv. (♂♂ og ♀♀) ved Gardsjøen 8/5.
1972: 1 ♂ + 12-13 ♀♀ ved Gardsjøen 7/5. 1973: 3 ♂♂ + 3 ♀♀ ved
Silvatnet 4/5.

Sotsnipe, Tringa erythropus.

Iflg. "Norges fugler" er denne arten relativt sjelden fore-
kommende i Sør-Norge på høsttrekk, dog noe vanligere ved Oslo-
fjorden enn i Revtangen-området. Sett i forhold til forekomst-
ene ved Oslofjorden stemmer vårt bilde av situasjonen i Grue
med dette.

Høsten ca. 1968: 3 indv. innkommet til preparering (EB).
1/9 -69: 1 ind. skutt ved Namnsjøen. Fra Gardsjøen: 21/8 -70:
3-4 stk. 1972: 2 stk. 9/8, 1 stk. 29/8, 1 stk. 8/9, 2 stk. 10/9.
Dessuten 1 stk. 18/9 -73. Fra Øygardstjernet ved Glomma ved
Kirkenær: 2 indv. 15/8 -72 og 2 indv. (mul. samme) 17/8 -72.

Rødstilk, Tringa totanus.

Relativt sjelden. Er blitt sett årlig på trekk (overveiende
vår) langs Glommavassdraget, iallfall fra 1966. Enkeltvis eller
2-3 sammen. Sommerobservasjoner: 1 ind. på Rønnåsmyra i sang-
flukt 1/6 -72, og ditto 29/5 -73.

Gluttsnipe, Tringa nebularia.

En av de vanligste vadere å se både på vår- og høsttrekk
iallfall fra ca. 1968, men den sees nesten alltid i lite antall

Storspove. 4 timer gammel og allerede ute av
reiret.

(2-3, men så mange som 6-7 kan forekomme).

Et intenst varslende par funnet ved Pason på grensa mot
Odalen 16/6 -69. Tross iherdig leting i det aktuelle myrområdet
ble intet reir funnet. Dessuten 2 sommerobservasjoner: Rønnås-
myra: 1 ind. mellom 6. og 9/7 -73 og Namnsjøen: 1 varslende
ind. 24/6 -76.

Grønnstilk, Tringa glareola.

Iflg. Haftorn hevder Collett i 1894 at arten ruger i Grue; i
så fall er dette ikke vanlig i våre dager. Ingen sikker obser-
vasjon foreligger om dette. Eneste tegn som tyder på hekking
er: 2 indv. observert ved Frysjøen i juli 1972 som iflg. (P)
var "meget agressive".

Ellers noen få observasjoner fra Røgden, Frysjøen og Glomma-
vassdraget på trekk (overveiende vår) i perioden ca. 1968-
1973. Opptil 3-4 stk. kan sees samtidig.

Lappspove, Limosa lapponica.

1 ind. ved Gardsjøen 2/9 -72 (T. Sætre). Arten er av Haftorn
ikke nevnt på høsttrekk fra det indre Øst-Norge.

Storspove, Numenius arquata.

Haftorn sier at dette er en art som har vært i ferd med å
ekspandere endel år, og i utredning om artens utvikling på
Østlandet nevner han hekking på Arneberg i 1968. Han har
imidlertid ikke hekking lenger tilbake enn fra 1937, Tørberget
i Trysil.

Det er sannsynlig at utviklingen tok til enda tidligere, da
(SL) opplyser at han har observasjoner av arten fra iallfall
ca. 1920, og at den mesteparten av denne tida har hekket år-
visst.

Nå er arten vanlig hekkende på myrer og kulturmark i Glomma-
dalføret, men bestanden har muligens minket litt i løpet av de
siste 15 år.

Småspove, Numenius phaeopus.

1 ind. skutt i 1934 eller 1935 ved Arneberg (EB). 15 indv.

45

sett på vårtrekk ved Grinder 1964 eller 1965 (PMK). 2 indv.
ved Glomma ved Kirkenær 15/5 -72 (T. Sætre).

Iflg. (SL) hekker arten årlig i Røgden-området, fra så langt
tilbake som ca. 1940.

Enkeltbekkasin, Gallinago gallinago.

I "Norges fugler" nevnes at enkeltbekkasinen er vanligere i
myrterreng og sidlendt beitemark i lavlandet enn litteraturen
gir inntrykk av, og at den hekker "her og der" i lavlandet, -
dog er intet nevnt fra våre trakter.

Situasjonen er imidlertid at arten er en meget vanlig hekker
her i distriktet, i myr- og sumpområder og ved sjøer og mindre
vann, ofte i relativt stort antall.

Dobbeltbekkasin, Gallinago media.

(MD) opplyser at ca. 10 stk. er skutt ved Gardsjøen i tids-
rommet ca. 1966-1971, alle i høstjakta. Dessuten 1 ind. med
brukket vinge funnet på Kirkenær vestside 24/9 -67 (D. Korsmo).

Hekking kjent bare fra Røgden-området, der (SL) opplyser at
han ser arten spillende hvert år, iallfall fra ca. 1920, og at
han ser kull årlig. Arten er ikke nevnt hekkende fra dette
distriktet i "Norges fugler".

Kvartbekkasin, Lymnocryptes minimus.

Få observasjoner. (EB) preparerte 1 ind. i 1930. Ca. 1967
ble 1 ind. skutt under høstjakta i Gardsjøen (MD). Dødt
eksemplar funnet Kirkenær vestside 19/4 -68 (R. Nesholen). Fra
Gardsjøen etter 1970: 1 ind. 12/10 -71, 2 indv. 14/10 og igjen
1 ind. 17/10 samme år. I 1973 ble 3 stk. sett her 4. og 5/10.
Fra Grindertjernet: 1 ind. 17/10 -71, og igjen 1 ind. noen
dager senere.

Svømmesnipe, Phalaropus lobatus.

Kun 2 observasjoner, derav 1 hekking. 21/8 -70: 1 ind. i
Gardsjøen. I 1967 eller 1968 hekket et par vellykket ved Fry-
sjøen (3 eller 4 juv.) (P). Iflg. "Norges fugler" er hekking
ikke tidligere registrert i de indre lavlandstrakter på Øst-
landet.

46

Hettemåke i stupangrep.

Hettemåke, Larus ridibundus.

En art som har utvidet sine områder i Norge.

1. kjente koloni i Grue dannet ca. 1951 i Grindertjernet
(PMK). Denne kolonien besto i 1971 av 120-150 par. 2. kjente
koloni opprettet på Rønnåsmyra, ikke senere enn 1968. 7/6 -73
ble det registrert 12 reir her. 3. koloni iflg. våre iakt-
tagelser dannet i Gardsjøen 1973. Besto opprinnelig av ca. 400
reir, men ca. 3/4 av reirene tatt av flom (AH)+(FK). En 4.
koloni av ukjent alder funnet i Strandsjøen 24/5 -74, besto da
av minst 16-17 reir.

Spredte hekkinger ellers.

47

Gråmåke, Larus argentatus.

Spredte observasjoner i sommerhalvåret opp gjennom årene.
Har hekket fast i Røgden fra ca. 1954-1955 (SL). Dette er
eneste kjente hekkelokalitet.

En må se denne artens forekomst her som et resultat av en
antatt bestandsøkning og ekspansjon innover i landet.

Største antall som til nå er registrert i en flokk: 30 indv.
(derav 1 i ungfugldrakt) i Strandsjøen 20/4 -76.

Svartbak, Larus marinus.

Sjelden. 1 ind. obs. sittende på en gjødselhaug i mars måned
i 1930-årene (GN). Etter dette ingen sikre observasjoner før i
1975 da 1 ind. ble iaktatt 16/7 og 20/8 ved Helgen, Grue Finn-
skog (J. E. Wålberg). 2 observasjoner også fra 1976: 20/4:
1 ind. i Strandsjøen og 1/5: 2 indv. i Gardsjøen.

I likhet med gråmåke og måker forøvrig, kan en kanskje i
fremtiden forvente en ekspansjon innover i landet.

Fiskemåke, Larus canus.

De første eksemplarene ankom til distriktet ca. 1930 (SL).
Hekker nå regelmessig, dog fåtallig ved flere store sjøer i
kommunen, og langs Glommavassdraget. Fiskemåka, liksom andre
måkearter som finnes i området, trekker tidlig herfra etter
ungeperioden, slik at de aller fleste er borte i løpet av
første halvdel av august.

Et tilfelle av "overvintring": Ca. 20. jan. 1956 eller 1957
ble 1 ind. skutt ved Namnå, temperatur i nevnte tilfelle ca.
-20°C. Ei måke som ble antatt å være den samme ble sett ved
Namnsjøen "noen dager før" (Preparert av (EB), i privat eie
hos (MD)).

Krykkje, Rissa tridactyla.

1 ind. skutt i Frysjøen ca. nov. i 1970 (GT). Påtreffes iflg.
Haftorn "av og til i innlandet, særlig stormdrevne eksemplarer",
og det foreligger fra før 1 observasjon fra Hedmark, Stor-
Elvdal i Østerdalen 21/3 1883.

Ismåke, Pagophila eburnea.

1 ind. skutt ved Arneberg 23/11 -69 (EB). Denne observasjon-
en er forøvrig offentliggjort i FAUNA nr. 2/1973 side 141 av
E. K. Barth. Iflg. Haftorn er arten sjelden forekommende i
Sør-Norge, og dette skulle være 1. innlandsobs. sør for Nam-
dalen.

Makrellterne under landing.

Makrellterne, Sterna hirundo.

Første kjente observasjon er av 1 ind. som ble skutt (ikke
stedfestet) i 1939 (GN). Iflg. (SL) sees flokker på 20-25
indv. hver sommer ved Røgden. Dette har forekommet iallfall
fra 1965 eller 1966, da 1 ind. også ble skutt der. Ved Glomma-
vassdraget er streifere sett iallfall siden ca. 1962, og
hekking har forekommet på Skulstadholmen ved Kirkenær ca. 1962
(GAa), og i 1970. Videre hekking på Haugsholmen sør for Skul-
stadholmen: 1 reir i 1972, 1 reir i 1973 og minst 2, kanskje
3 reir i 1974 og 1975.

Steppehøne, Syrrhaptes paradoxus.

Iflg. Haftorn 4 indv. sett i Grue 17/5 1888.

Ringdue, Columba palumbus.

Har iflg. opplysninger "alltid" vært vanlig, men i løpet av
de siste 6-7 år har bestanden økt sterkt, og meget store
flokker sees nå både om våren og på ettersommer/høst. Således
ca. 1 000 indv. ved Nuguren 3/5 -70, en av de største flokker
som er registrert.

Skogdue, Columba oenas.

Nokså vanlig å se "før", vanlig at den ble skutt i høst-
jakta. Imidlertid har bestanden hatt en sterk tilbakegang, og
de siste 10-15 år er bare enkeltindivider sett spredt i kommunen,
særlig i området Frysjøen - Grinder. 2 hekkinger kjent fra
senere år, forøvrig begge i holker: Ved Gardsjøen i 1967
(K. Hordvik).

Tyrkerdue, Streptopelia decaocto.

Har som følge av ekspansjonen i Norge og Europa forøvrig
også ankommet og vokst i antall på Østlandet. 1. kjente obser-
vasjon fra området: 12/8 -65 på Kirkenær (RN). Er så blitt mer
og mer vanlig, og hekker nå årvisst i tettbebyggelsen på
Kirkenær. Enkeltindivider også sett på Namnå. Eksempler på store
flokker på Kirkenær: 11 indv. 21/6 -74, 17 indv. 2/12 -74 (GAa).

50

Turteldue, Streptopelia turtur.

Iflg. Haftorn foreligger tidligere 1 observasjon fra Hedmark (1 ♀ skutt i Sollia 22/9 1892). Fra Grue har vi 2 observasjoner: 1 ind. skutt ved Gardsjøen 26/9 -71 (GN), og 1 ind. sett på Kirkenær primo juli 1973 (GAa). Det kan i teorien imidlertid ikke utelukkes at sistnevnte kunne være mongolsk turteldue (Streptopelia orientalis).

Snøugle, Nyctea scandiaca.

Meget sjelden. 7 observasjoner kjent: 1 ind. skutt ved Grinder vestside ca. 1930 (H. Nesholen). 1 ind. skutt ca. 1936 (ikke stedfestet) (EB). 1 ♂ sett "en gang i tidsrommet 1940-1955" (SL). 1 ind. sett på grensa til Odalen jan. 1961, og 1 ind. på en nærliggende lokalitet primo sept. samme år (A. Skogstad). 1 ind. ved Gardsjøen vinteren ca. 1963 (GAa).

Hubro, Bubo bubo.

Vi regner som ganske sikkert at denne arten ikke lenger forekommer som rugefugl i kommunen. Bare sjelden observert etter begynnelsen av 1960-årene. 17 observasjoner i tidsrommet 1963-1976 fordeler seg slik: 1963: 1 obs. (K. Maribo). 1964: 1 obs. (R. Edvardsen). 1966: 1 obs. (GAa). 1968: 2 obs. (A. Hagen + A. Haugård) og (S. Hytjanstorp). 1969: 1 obs. (K. Maribo). "Slutten av 1960-årene": 2 obs. (GAa) og (K. Maribo). 1970: 2 obs. (S. Hytjanstorp) og (B. Ansethmoen). 1971: 1 obs. (RN). Ca. 1973: 1 obs. (DR). 1975: 3 obs. (K. Maribo), (I. Hytjanstorp) og (M. Waalberg). 1975-76: 1 obs. (S. Hytjanstorp). 1976: 1 obs. (K. Sæterbakken).

Hornugle, Asio otus.

En av de vanligste ugleartene i kommunen. Hekker antagelig årvisst, om enn fåtallig, og (EB) opplyser at dette var den uglearten han fikk inn mest av til preparering før fredningsbestemmelsene trådte i kraft. Iflg. (MD) hadde arten et "toppår" i 1968, noe som også blir støttet av andre opplysninger. Toppår også i 1974, da 5 kull ble funnet, og 1 ind. hørtes syngende om våren på en 6. lokalitet.

51

Jordugle, Asio flammeus.

Meget sparsom, men sees iflg. (GT) nesten årvisst på trekk,
og (EB) opplyser at han fikk inn eksemplarer til preparering
nokså regelmessig, om ikke hvert år, før den ble fredet. Tegn
som kan tyde på hekking: I 1930-årene ble det på en lokalitet
skutt 1 juv. i juli måned, samt at enda 1 ind. ble sett samme
sted (GN). På samme lokalitet ble 1 juv. skutt høsten ca. 1957,
pluss at 3 indv. ble sett sammen med denne (GAa). Obs. fra
nyere tid: 1 ind. våren 1970 (F. Lerdahl), 1 ind. 22/6 -76 og
1 ind. med fast tilhold i juni 1976 (B+M.Waalberg).

Perleugle, Aegolius funereus.

Merkbar topp i bestanden i 1968. Uvanlig mange syngende
indv. registrert vinteren 1968/69. Bestandsøkning også i 1973
og 1974. Den vanligste ugleart i kommunen.

Spurveugle, Glaucidium passerinum.

Som følge av denne artens oppførsel på reir er det gjort få
konkrete reirfunn i Norge, iflg. Haftorn registrert bare 14
reir, derav ett fra Grue, ved Hvebergseter i 1915.
Vi regner med at denne arten hekker årvisst, om enn sparsomt,
så iallfall 2-3 hekkinger pr. år. Registrerte reirfunn: Ca.
1965 (GAa), 1968 (A. Hagen), 1970 (P)+(GT), 1970 (SL), 1972 og
1973 i samme spettehull (tretåspett) (P).

Haukugle, Surnia ulula.

Sparsomt forekommende, men enkelte observasjoner gjøres år-
lig, og dette synes å ha vært gjeldende opp gjennom årene.
Vanligere forekommende i invasjonsår, spesielt høsten 1967, men
også tildels høst/vinter 1975. I sistnevnte tidsrom vites ca.
10 observasjoner gjort, mens høsten 1967 gjorde K. Maribo 9 obs.
av angivelig forskjellige indv. på en enkelt dag.

Kattugle, Strix aluco.

Er iflg. Haftorn den vanligste uglearten i de lavereliggende
kulturlandskapene i Sør-Norge. Vi må protestere sterkt imot
dette når det gjelder Grue, da våre kontakter alle svarer be-

52

nektende på dette, og vi selv har svært mangelfulle observa-
sjoner av arten herfra. Opplysninger går ut på at den er meget
sparsomt forekommende, noe som muligens tildels kan tilskrives
mangelen på hekkeplasser. Imidlertid blir ugler generelt kalt
"kattugler" i daglig tale blant folk, og dette er antagelig
en av grunnene til at bestandens størrelse er overvurdert.

Spesifiserte observasjoner: (EB) har fått inn bare 4 stk.
til preparering i tidsrommet ca. 1930 til 1968. 1 ind. ihjel-
slått på gårdstun 1936 eller 1937 (MD). Antagelig kull (5-6
stk. sammen) ca. 1963 (F. Lerdahl). 1 ind. funnet skutt mellom
21/8 og 15/9 1967 eller 1968 (GAa). 1 observasjon fra høsten
ca. 1969 (DR), og 1 "syngende" ♂ hørt noen dager i april 1976.

Slagugle, Strix uralensis liturata.

Sjelden, men iflg. (SL) hekket den i en årrekke (ca. 1920-
1970) i et og samme hule tre, helt til dette var så morkent at
det falt ned av seg selv. Arten er sett i samme område av og
til i årene etter dette uten at noen ny hekking er påvist.
Dessuten endel enkeltobservasjoner: 1 udatert ind. (P). 1
udatert ind., 1 ind. "før krigen" og 1 ind. vinteren 1964 eller
1965 (GN). 1 ind. skutt ca. 1966, 1 ind. sett vinteren 1967
eller 1968 (ÅN).

Lappugle, Strix nebulosa lapponica.

Meget sjelden. 3 observasjoner kjent: 1 ind. skutt "etter
krigen", og 2 indv. skutt høsten 1967 (EB).

Nattravn, Caprimulgus europaeus.

Iflg. Haftorn"observert av Thome i Grue ca. århundreskiftet".
Er nå etter opplysninger å dømme svært lokal, og en er på det
rene med at bestanden har vært minimal siden ca. 1945. Sees
imidlertid årvisst ved Frysjøen, og hekket nesten årlig ved
Røgden iallfall fra ca. 1930 til og med 1971 (SL). Opptrer
meget sparsomt utenfor disse to lokaliteter: 9 observasjoner
kjent etter 1950, de to siste: 15/6 -73 på Kirkenær vestside og
26/6 -76 ved Kirkenær (GAa + K.J. Røsholt).

<u>Blåråke, Coracias garrulus.</u>

Meget sjelden, 2 observasjoner kjent: Sommeren 1964 eller
1965: 1 ind. ved Røgden (SL), og 1 ind. ved Rotna i august
1969 (S. Hytjanstorp). Iflg. Haftorn foreligger kun én obser-
vasjon fra Hedmark tidligere, Elverum 6/5 1910.

<u>Isfugl, Alcedo atthis ispida.</u>

Meget sjelden, bare 2 forekomster kjent: 1 ind. overvintret
ved Svullrya ca. 1963 (SL). Dessuten hekking ved Glomma ved
Grinder i 1974. Reirhull under utgravning funnet litt før 13/6,
ad. iakttatt (PMK). 8/7 var fuglene ved ettersyn ikke å se ved
reiret, men ca. 14/7 ble de sett matende. 26/7 ble ved kontroll
begge sett ved reiret. 8/8 ble reiret funnet utgravet oven-
fra (av rev), en skjebne som til sammenligning er nokså vanlig
for sandsvalereir som er plassert på samme måte (i loddrett
sandvegg ved elvebredden, horisontalt inn ca. 30 cm under
toppen).

Iflg. Haftorn foreligger fra før kun 3 konkrete reirfunn i
Norge (Halden 1962 og 1969), og arten er tidligere ikke regi-
strert i Hedmark fylke.

<u>Hærfugl, Upupa epops.</u>

Iflg. "Norges fugler" foreligger fra før 6 observasjoner av
arten i Hedmark. I Grue meget sjelden, 5 observasjoner kjent:
1 ind. skutt ca. 1956 (EB) (ikke stedfestet). 1 ind. skutt ved
Namnsjøen primo okt. ca. 1961 (preparert), dessuten et eksem-
plar (muligens det samme) sett på Namnå noen timer før (ÅN).
1 ind. sett ved Røgden mai 1970 (P.H. Tvengsberg). 1 ind. sett
medio mai, 3 dager etter hverandre på samme sted, ved Røgden
i 1971 (K. Lindtorp). 1 ind. sør for Rotnesjøen ca. 23/6 -74
(O. Tvengsberg).

<u>Grønnspett, Picus viridis.</u>

Haftorn mener at arten er en av de vanligste spetter i Sør-
Norge, og at den er tallrikest i lavlandet. Dette stemmer ikke
for Grues vedkommende nå lenger. Våre kontaktmenn sier at den
var nokså vanlig for inntil ca. 15 år siden, men siden har be-

standen vært avtagende, og nå er den kun sjelden å se.
Hekkinger de siste år: På Arneberg et og samme hull brukt i
"en årrekke" til og med 1968 (EB). Kirkenær vestside 1972.
Gardsjøen 1973.

Gråspett, Picus canus.

Sjeldnere enn grønnspett (se denne), og eneste kjente
hekking er fra 1964 eller 1965 i Røgden-området (SL). Fra Øst-
landet forøvrig er konkrete reirfunn bare beskrevet fra Lille-
hammer, Valdres og Hallingdal (Haftorn 1971). Her i kommunen
meget få observasjoner de senere år, i alt 9 fra ca. 1947,
siste var en ♀ skutt ved Rotna 2/10 -72 (I. Hytjanstorp).

Svartspett, Dryocopus martius.

Bestandsøkning i 1972 og 1973. I 1973 ble minst 6 hekkinger
registrert av oss i det undersøkte området.

Flaggspett, Dendrocopos major.

Bestandsøkning i 1968. Sett i meget stort antall i barskogs-
distriktene i området vinteren 1968/69. Dessuten merkbar
økning (lokalt?) i områdene rundt Kirkenær på etteråret 1974
(GAa). - Den vanligste spetteart.

Hvitryggspett, Dendrocopos leucotos.

Meget sparsom nå, men (EB) opplyser at den var "nokså al-
minnelig" i 1930-årene. Høsten 1969 hadde den iflg. (GAa) en
merkbar bestandstopp, som var lett registrerbar i barskogs-
områdene ca. 1 mils vei vest for Glomma ved Kirkenær. Imidler-
tid, i 1971 fant han igjen bare 1 ind. i disse traktene, og
siste kjente funn av arten i kommunen foreløpig er 14/10 -74:
1 ind. i Skrivilen, Grue Finnskog (DR).

Haftorn mener at bestanden grovt kalkulert innenfor store
deler av Østlandsområdet synes å ligge på flaggspettens nivå.
Som en ser av observasjonene faller Grue i en kategori uten-
for disse områdene.

Tretåspett på hekkeplassen.

Dvergspett, Dendrocopos minor.

Sparsom. Spredte observasjoner opp gjennom årene. Ingen
sikker forekomst av hekking, men (EB) ser den årlig på en og
samme lokalitet, og mener at den må ha ruget der "noen år".

Tretåspett, Picoides tridactylus.

Jevn, fåtallig bestand. Spredte observasjoner, særlig på
høst og vinter, fram til 1971 da første for oss kjente hekking
ble registrert i Frysjøberget (P). Hekket også i 1972, 1 reir
ved Sormen, 1 reir i Frysjøberget, og tegn tydet på at den
kunne ha hekket på disse lokalitetene flere år. Likeså tydet
observasjoner fra barskogsområdene vest for Glomma ved Kirke-
nær på at hekking var nær forestående også her (våren 1972).
Denne arten er i så fall vanligere enn først antatt, dog er
det sannsynlig at bestanden tok seg opp etter invasjonsåret
for granbarkbille i distriktet, 1971.

Kalanderlerke, Melanocorypha calandra.

11/4 -70: 2 indv. sett i sangflukt og sittende på marka på
10-12 m avstand under gode observasjonsforhold. Observasjonen
gjort med kikkert av B. Nesholen og S. Reisch. Fuglene opp-
holdt seg i ca. 60 min. ved Sandstadbrua, ved Glomma ved
Kirkenær.
Iflg. Haftorn er dette kronologisk den 2. observasjon av 3
av arten i Norge og 3. observasjon i Skandinavia, da en ♀ ble
skutt i Øvre Pasvik 16/4 1905, og 10/4 1974 ble 1 ind. obser-
vert på Jomfruland Ornitologiske Stasjon.

Fjellerke, Eremophila alpestris flava.

Meget sjelden, 3 observasjoner kjent: 1 udatert ind., 1 ind.
skutt 22/4 -63 (ikke stedfestet), og 1 ind. funnet død på
Arneberg i des. 1970 (EB).

Trelerke, Lullula arborea.

Iflg. Haftorn kun 1 hekking med sikkerhet påvist i Hedmark.
Denne observasjonen er gjort på sørgrensa av Grue kommune (ca.
1 mil øst for Roverud): Par med unger funnet 12/7 1918.

Heipiplerke, Anthus pratensis.

Arten mangler iflg. "Norges fugler" som rugefugl i lav-
landet i Sør-Norge, bortsett fra kystdistriktene.

(SL) opplyser imidlertid at han har funnet reir "flere
ganger", senest ett i 1970, i Røgden-området. Andre observa-
sjoner som kan tyde på hekking: Arten hørt på Rønnåsmyra
sommeren 1969, dessuten sett her sommeren 1970. 23/5 -71 igjen
observert på lokaliteten. 14/6 samme år også sett her, denne
gang av G. Sonerud og E. Skattum. Videre enda en obs.: 16/6.
Gjennom sommeren 1973 ble 2 indv. sett i sangflukt på to for-
skjellige steder på myra.

1 sommerobservasjon fra Namnå: 1 ind. sett og hørt syngende
16/6 -70.

Gulerle, Motacilla flava.

Gulerla, som i de senere år har vært en ekspanderende art,
har iflg. Haftorn en relativt lite kjent utbredelse i denne
delen av landet. I kommunen er 3 raser registrert: Sørlig gul-
erle (Motacilla f. flava), Såerle (M. f. thunbergi) og Svart-
hodet gulerle (M. f. feldegg):

Sørlig gulerle, Motacilla f. flava.

Etter våre erfaringer meget sjelden. Kjente observasjoner:
En enkelt hekkeforekomst, et par sett i Frysjøberget (♀ med
mat i nebbet), intenst varslende, 3/7 -73. 1 ind. på Rønnås-
myra, sett med kikkert på ca. 15 m avstand, ca. 7/7 -73. Dess-
uten 7 indv. i 2-3 dager ved Kirkenær rundt 25/8 -74 (GAa).

Såerle, Motacilla f. thunbergi.

"Norges fugler": "Thunbergi" var iflg. Collett meget vanlig
i Grue Finnskog ultimo mai 1909. Haftorn etterlyser imidlertid
en nøyaktigere bestemmelse av rasens sørgrense i utbredelses-
området på Østlandet.

Her i kommunen gjelder dette forholdet: Hekker relativt van-
lig på myrområder nær vann. Hekking registrert iallfall fra
1942 eller 1943, da ble ett reir funnet på Kirkenær vestside
(GAa), mens den ekspansjon opp til nåværende status tok til noe
før 1960.

58

Svarthodet gulerle, Motacilla f. feldegg.

1 ind. sett på 7-8 m avstand ved Gardsjøen i månedsskiftet
mai/juni ca. 1967. Satt på gjerdestolpe og pusset fjærdrakten
etter et bad, lot seg villig iaktta i lengre tid. Observasjon-
en gjort med kikkert i god belysning (BOK).
Iflg. Haftorn er denne rasen av gulerle ikke før registrert
i Norge.

Vintererle, Motacilla cinerea.

Fra før foreligger 5 observasjoner fra Hedmark, derav 4
hekkinger. 2 av disse hekkinger er fra Brandval, på sørgrensa
av Grue kommune, i 1924 og 1925 (Haftorn 1971). Ellers kun 2
obs. kjent: 1 ♂ vest for Namnsjøen 31/3 -53 (RN). 1 ind. ca. 1
km øst for Kirkenær (våren?) 1970 (P).

Tornskate, Lanius collurio.

Haftorn nevner at iflg. Collett hekket den i Østerdalen i
det minste til Solør, der den ruget i Grue i 1892.
Hekker nå iflg. opplysninger vi har fått fåtallig, tildels
meget fåtallig, og bestanden ser ut til å ha minket noe opp
gjennom årene.

Varsler, Lanius excubitor.

Spredte observasjoner av individer (opptil 2-3 i samme om-
råde i trekktidene) på høst, vinter og vår. De eneste tegn som
kan tyde på hekking: 2 indv. hadde fast tilhold ved Frysjøen
"hele sommeren" i årene (1969?), 1970 og 1971.

Rosenstær, Sturnus roseus.

Iflg. "Norges fugler" 2 observasjoner fra Hedmark, derav 1
fra Utneset, Åsnes Finnskog (like nord for Grue kommune):
3 indv. ultimo apr. 1928.

Lavskrike, Perisoreus infaustus.

Jevn, dog meget fåtallig opp gjennom årene, iallfall fra 2.
verdenskrig. Helst på høyereliggende barskogslokaliteter, men

59

sees også tilfeldig på flatlandet ved Glommavassdraget, således noen få indv. ved Rønnåsmyra 20/2 -72 (M. Berg).

Nøtteskrike, Garrulus glandarius.

Meget vanlig; i barskogsområdene i sommerhalvåret, i småflokker ved bebyggelse i vinterhalvåret. Reiret er som kjent meget vanskelig å finne, og på tross av artens vanlige opptreden er bare 5 reir funnet med sikkerhet i tidsrommet ca. 1941-1972: 2 funn av (P), 2 funn av (MD) og 1 funn av (ÅN).

Merkbart "toppår" i 1972, da arten denne høsten opptrådte i meget stort antall.

Nøttekråke, Nucifraga caryocatactes.

Spredte observasjoner, avhengig av sibir-nøttekråkas opptreden. Umulig å si noe om hyppigheten av tykknebbet nøttekråke, men vi vet iallfall at sibir-nøttekråka med sikkerhet er registrert, i og med at (EB) har preparert 1 ind. der den hvite stjert-bremmen var 2,7 cm bred, og nebbet var lengre enn hodet.

Observasjoner av nøttekråke, ikke rasebestemt: 1 udatert ind. (SL). 1 ind. holdt til ved Frysjøen ca. 2 uker våren/sommeren ca. 1961 (P). Lokalavisene "Glåmdalen" og "Østlendingen" hadde fotografier og opplysninger om flere indv. under invasjonen i 1968, i november måned. Ca. 27/9 -71: 1 ind. innkommet til (EB) fra Finnskogen, jegeren kunne opplyse at det var "mye av den" på lokaliteten den ble skutt. 1 ind. på Kirkenær vestside 21/10 -71 (R. Sætre).

Kaie, Corvus monedula.

Bestanden sannsynligvis minket siden 2. verdenskrig da den hekket meget vanlig, f.eks. ved Arneberg, noe den iflg. (MD) gjør mer fåtallig nå. Ruger for tiden spredt, mest på flatmarkene langs Glomma.

Innover Finnskogen sees streiffugler. Eneste observasjon fra Frysjøen: 6 indv. i flokk i juli 1972 (P). Fra Svullrya-området: 1 ind. våren/sommeren 1971 (DR).

Opptrer i store flokker sammen med kråke på vår- og høsttrekk langs Glomma, og overvintrer forøvrig vanlig.

60

Kornkråke, Corvus frugilegus.

Sjelden. Tilsammen 9-10 observasjoner: 2 udaterte eksemplarer (SL). 3-4 udaterte eksemplarer (EB). 1 ind. ved Gardsjøen våren 1966 eller våren 1967 (GN). 2 indv. Namnå 28/4 -70. Videre 1 ind. ved Grinder våren 1970 eller 1971 (PMK). 1 ind. i kråkeflokk ved Glomma nord for Kirkenær "flere dager" i mars 1971 (RN).

Iflg. Haftorn ligger nærmeste rugekoloni ved Hamar.

Fossekall. Norges nasjonalfugl.

Ravn, Corvus corax.

Iflg. "Norges fugler" har arten i Sør-Norge gått merkbart ned i antall, og ble av Collet betraktet som "sparsom" allerede i 1864 her på Østlandet.

Har så etter de opplysninger vi har mottatt tilsynelatende vært totalt borte i en lengre periode, og de første individene vi hører om er "enkelte som fantes ved Rotna under annen verdenskrig" (ÅN). Deretter ble 1 ind. skutt i Bjølsjø-traktene høsten ca. 1961, og selv da ble den regnet for å være meget sjelden. Først etter 1968 kan en for alvor si at den begynte å tilta i antall, og i østre deler av kommunen hekker den nå årvisst, om enn noe fåtallig (SL). Imidlertid - på trekk og i vinterhalvåret kan av og til sees flokker på 15-150 indv.

Sidensvans, Bombycilla garrulus.

Sees årlig på trekk i småflokker (5-30 indv.) over hele kommunen. Overvintrende flokker også registrert.

1 hekking kjent: Ettersommeren ca. 1969 ble ad. sett matende 3 juv. nord for Tysketorpet, Grue Finnskog (K. Tvengsberget).

Fossekall, Cinclus cinclus.

Haftorn etterlyser en nøyere undersøkelse av utbredelsen, særlig i landets sørligere deler. Her i distriktet er forholdet dette: Hekker vanlig og årvisst, dog fåtallig, men den begrensende faktor her er tilsynelatende bare mangelen på egnede tilholdssteder. Arten overvintrer også vanlig såsant forholdene gjør det mulig.

Gjerdesmett, Tryglodytes tryglodytes.

Vanlig inntil 1950-1955. Sees nå årvisst bare i de østlige skogtrakter av kommunen (SL) og (DS), ellers nokså få observasjoner. Kjente etter 1960: 1 ind. hele sommeren 1960 eller 1961 på Grinder (PMK). 1 ikke stedfestet ind. 1966 eller 1967 (GN). 1 ind. "før jul" 1969 og 1 ind. i jan. eller febr. 1970 ved Grinder (PMK). 1 ind. sang på Maliskjæra ved Rotna 23/7 -71. Videre 1 ind. sør for Namnsjøen 27/7 -72 (C. Sletten + J. Engen). 1 ind. sang 2/5 -74 ved Sormen.

Sikre hekkinger etter 1955: 2 reir funnet samme år ved
Frysjøen i slutten av 1950-åra (DS). Dessuten 2 ad. + 2 juv.
(mating iakttatt) ved Svullrya 18/8 -74, og ca. 1 time senere
1 km fra denne lokaliteten ble 5-6 indv. sett sammen, og det
er meget sannsynlig at det også her dreide seg om hekking (DR).

En må kunne regne med at arten hekker fast, om enn meget
sparsomt og spredt.

Tornsanger. Anonym i fargene. Kjennes lettest på sangen.

Gresshoppesanger, Locustella naevia.

Haftorn oppgir bare 4 observasjoner fra Hedmark, men flere
har kommet til siden 1971, da arten har ekspandert de senere
år. Fra Grue har vi kun 1 obs.: 1 ind. sett og hørt syngende
på Kirkenær vestside i tidsrommet 10/6 - 23/6 1971. Tross
leting ble ikke funnet noe mer som kunne tyde på hekking.

Gulsanger, Hippolais icterina.

En art som har øket i antall/ekspandert de senere år, kan-
skje som et resultat av de par siste ekstra varme sommere vi
har hatt.
Vites ikke observert før 1972, da 1 ind. ble hørt ved Gard-
sjøen månedsskiftet mai/juni (GAa). Samtidig (29/5) ble 1 ind.
hørt på Kirkenær vestside, og 4/6 ble 2 indv. hørt samme sted.
26/6 hørtes her 1 ind. varsle med "tækderehui"-låt som iflg.
Haftorn høres ved reirforstyrrelse. 12/7: Begge indv. intenst
varslende "tækderehui", men tross leting ble intet reir funnet.
1973: 1 ind. syngende på Kirkenær vestside 19/5 og 1
syngende ind. ved Gardsjøen 1/7.
1975: I perioden 29/7 - 31/8 ble gjort 8 observasjoner ved
Svullrya, Grue Finnskog av varierende antall indv., det meste:
1 ad. + 5 juv. Flere av obs. dreier seg sannsynligvis om de
samme indv. (DR).
1976: Enslige syngende indv. hørt følgende steder: 7. og 12/6:
Ved Grue Kirke. 12/6: I Sollien nord for Skasen. 13/6: På
Gruetunet ved Kirkenær og 27/6: Ved Gardsjøen.

Hauksanger, Sylvia nisoria.

2-3 juv. observert ved Namnå 30/8 1970. Sett på ca. 15 m
avstand med kikkert under gode observasjonsforhold.
I "Norges fugler" står oppgitt minst 39 obs. i Norge,
imidlertid er dette første i Hedmark fylke.

Munk, Sylvia atricapilla.

Hekker spredt, men regelmessig. Var iflg. (GT) meget vanlig
"før", nesten som løvsanger, og bestanden må med utgangspunkt
i dette ha sunket betraktelig, kanskje ved siden av lokal fore-
komst.

Møller, Sylvia curruca.

Meget spredt og fåtallig forekomst, men hekking må fore-
komme (observasjoner av intenst varslende par på spesielle
lokaliteter sommerstid indikerer dette), ganske sikkert årvisst.

Gransanger, Phylloscopus collybita.

En helt vanlig sanger inntil for endel år siden (har vært
umulig å bestemme tidspunktet noenlunde eksakt), men bestanden
har åpenbart gått meget sterkt tilbake, da den nå kun sjelden
høres (1 obs. sommeren 1972 og 1 obs. sommeren 1974 og ditto
1975).

Bøksanger, Phylloscopus sibilatrix.

Meget sjelden, 3 observasjoner kjent innenfor det undersøkte
området: 1 ind. tatt av katt på ettersommeren ca. 1965 (PMK).
1 ind. iakttatt på kloss hold syngende på holme i Namnsjøen 3.
og 4/6 1973. 1 ind. hørt syngende ved Flåset i Skjelmerud
17/6 -76.

(Dessuten 1 ind. hørt syngende ved Vingersjøen ved Kongs-
vinger 28/6 -76. Sammenl. ekspansjon under gulsanger.)

Svarthvit fluesnapper, Ficedula hypoleuca.

Iflg. (SL) er bestanden i østre deler av kommunen omtrent
den samme som før, dvs. vanlig hekkende hvert år. I kultur-
landskapet langs Glommavassdraget har antallet imidlertid
steget sterkt de senere år (fra slutten av 1960-tallet). Dette
mener vi ihvertfall delvis skyldes en utvidet produksjon av
holker, som følge av at ornitologien her i distriktet de senere
år er vist meget stor interesse. Også i visse barskogsdistrikt-
er i kommunen langt fra bebyggelse hekker den i nokså stort
antall p.g.a. oppsatte rugeholker. Det er tilsynelatende hekke-
mulighetene som er en av de viktigste begrensende faktorene
for denne arten i Grue for tiden.

Svart Rødstjert, Phoenicurus ochruros gibraltariensis.

Iflg. (SL) har denne arten hekket "i flere år" på hans eien-

Buskskvett på typisk sangplass.

dom iallfall til og med 1971. I "Norges fugler" står oppgitt
2 observasjoner fra Hedmark, derav 1 hekking, Tolga 1941.

Rødstjert, Phoenicurus phoenicurus.

Vanlig, og årvisst hekkende på flere lokaliteter inntil
midten av 1960-årene. Siden da har bestanden minket meget
raskt, og bare (SL) sier at arten hekker årlig, øst i området.
En må som helhet regne med at hekking forekommer regelmessig,
om enn meget spredt og sparsomt.

Blåstrupe, Luscinia svecia.

De observasjoner vi har fått gjennom våre kontaktmenn har
ikke inneholdt noen rasespesifikasjoner, men vi har selv ihvert-
fall bare obs. av rasen Luscinia s. svecia.

66

1. kjente obs. i området er 1 ind. tidlig på vår 1926 eller
1927 (EB), senere er ingen funn kjent før 1967. I tidsrommet
1967-1975 foreligger 14-15 observasjoner på trekk, herav bare
1-2 på høsttrekk.

Tegn som tyder på hekking: I 1962 eller -63 ble et reir
funnet ca. 5 km vest for Glomma ved Flisa (litt nord for kom-
munen), der en blåstrupe ♂ ble sett like ved. Reiret var
plassert i åpen løvskog med leirgrunn, og lå inntil stammen på
et lavt grantre. 1 egg ble fjernet, og det ble bekreftet av en
lokal fugleinteressert at det dreide seg om et blåstrupe-egg
(Ø. Langfjell).

Ringtrost, Turdus torquatus.

Er iflg. Haftorn i de østlige og indre deler av Norge en
helt overveiende alpin art. Imidlertid foreligger iflg. (SL)
et rugefunn fra Røgden-området, i slutten av 1950-årene.

Foruten dette funnet sees den årvisst på trekk om våren,
f.eks. ved Frysjøen i flokker på 3-4 til 8-10 indv.

Svarttrost, Turdus merula.

Det syntes som om denne arten av uforklarlige grunner hadde
en nedgangsperiode i årene 1960-1968, men er på nåværende
tidspunkt igjen helt vanlig. Enkelte indv. overvintrer i om-
rådet.

Duetrost, Turdus viscivorus.

Meget sparsom, men må iflg. observasjoner hekke på flere
lokaliteter, antagelig årvisst. (P) har obs. hvert år fra ca.
1967, og muligheter for hekking nevnes, selvom intet bevis
foreligger. (PMK) har holdt individer under oppsikt på en og
samme lokalitet over lengre tidsrom sommerene 1969 og 1970, og
mener at de må hekke. (EB) har registrert 1 hekking med sikker-
het, dette er imidlertid en udatert observasjon.

Stjertmeis, Aegithalos caudatus.

Opptrer iflg. opplysninger regelmessig i flokker fra 2-3
til ca. 50 indv. i vinterhalvåret. Eneste kjente hekking:

1 reirfunn ved Namnå "før 1940" (RN).

Løvmeis, Parus palustris.

Fra kontaktmenn får vi vite at bestanden var å regne som
"god" ca. 1920, men siden dette ser det ut som om arten sakte
men sikkert har gått tilbake i antall. Nå er den meget sjelden
å se, og de eneste obs. vi med sikkerhet har kunnet registrere
fra de senere år i det hele tatt er: "Noen få observasjoner"
(GAa). "Sett sommeren 1969" (EB). 1 hekking ca. 1969 (SL) ved
Røgden. 1 ind. 21/6 -70 på Namnå.

Overraskende få funn, og dette indikerer at en nærmere
undersøkelse av arten her i distriktet er ønskelig.

Lappmeis, Parus cinctus lapponicus.

Meget sjelden, 1 observasjon kjent: 2 (3?) indv. i meise-
flokk like øst for Rotnesjøen 2/11 -69.

Spettmeis, Sitta europaea.

Sparsom. Spredte observasjoner fra hele kommunen opp gjennom
årene. Iflg. (SL) lokal bestandsøkning i Røgden-området høsten
1971. Utenom denne bestandsøkningen: 12-13 spredte obs. i
perioden 1968-1975 fra resten av det undersøkte området.

Trekryper, Certhia familiaris.

Hekker vanlig/fåtallig, men i 1972 ble det merket en påtage-
lig økning i antall reirfunn, og bestanden ble karakterisert
som adskillig større enn vanlig dette året.

Pilfink, Passer montanus.

Meget sparsom. Spredte observasjoner, særlig på forings-
plasser vinterstid. 4 kjente hekkinger: I 1969 ruget et par på
Grinder. 6 egg ble lagt, 5 juv. fløy ut fra reiret, som for-
øvrig var plassert i holk (PMK). Mellom 15. og 20/7 -72 ble
ad. iakttatt matende juv. ved Frysjøen (P). Dessuten hekket et
par ved Gardsjøen i 1974 (DR), og i 1976 hekket et par i holk
på Sorknes ved Namnå (J. L. Sorknes).

Bjørkefink, Pringilla montifringilla.

Vanlig, ofte i stort antall, på trekk vår og høst. Høsten 1967 registrerte vi invasjonsartet opptreden i distriktet, med påfølgende forsøk på overvintring av noen indv. Samme år hekket også et par ved Frysjøen (P). I kulturlandskapet i nærheten av Glommavassdraget hekker arten meget tilfeldig i enkelte år: Ca. 1966 registrerte (ÅN) minst 1, kanskje 2 par som oppholdt seg hele sommeren i en liten, avgrenset bjørkeskog vest for Namnsjøen, og det er sannsynlig at hekking ble gjennomført. 20/6 -73 fant vi et reir på Kirkenær vestside hvis beliggenhet, biotop og bygning vitnet om bjørkefink, og en intenst varslende ♂ + nylig utfløyne juv. ble sett like i nærheten. 23/6 samme år fant vi et likedan, tomt reir like vest for Namnsjøen, men her kunne intet fastslås med sikkerhet, da ingen fugl ble sett i nærheten.

I østre deler av kommunen (Røgden-området) ser den ut til å forekomme mer regelmessig. (SL) har ennå ikke funnet reir her, men ser årlig nyutfløyne juv. av arten, og dette har forekommet iallfall fra ca. 1940.

Overvintring: Hele vinteren 1957/58 ble bjørkefink sett på foringsplass ved Gardsjøen (BOK).

Grønnfink, Carduelis chloris.

Påfallende sjelden forekommende sett i relasjon til foreliggende litteratur om utbredelsen. Sparsom i vinterhalvåret, flokker på 5-15 indv. på foringsplasser og nypebusker i bebygde strøk.

De eneste tegn som kan tyde på hekking: (BOK) opplyser at arten sees "nesten hver sommer". 1 udatert obs. fra Gardsjøen; 1 ind. iakttatt i ferd med å samle reirmaterialer, siden sett "hele sommeren" (GN).

Grønnsisik, Carduelis spinus.

Sees oftest i flokker på vinterstid. Skulle iflg. iakttagelser hekke relativt vanlig, om enn fåtallig, men påfallende få reirfunn er gjort.

Stillits, Carduelis carduelis.

Meget sjelden, men lokalt regelmessig hekkende. I Røgden-
området opplyser (SL) at utfløyne juv. sees årlig. Arten har
opptrådt på lokaliteten fra ca. 1920. Iflg. Haftorn er dette
1. påviste hekkinger i Hedmark. Ellers i kommunen registrert
2 ganger ved Glommavassdraget: 1 ind. på Grinder juni eller
juli ca. 1964 (PMK). 4 indv. sammen "midtvinters" 1964 eller
1965 på Arneberg (EB).

Tornirisk, Acanthis cannabina.

Forholdsvis sjelden forekommende, men hekking registrert.
Alle kjente forekomster av arten: 1 ♂ sang på Grinder i juni
måned ca. 1965 (PMK). ♂ sett matende 4-5 flyvedyktige juv. ved
Gardsjøen 29/6 og 13/7 1973. ♂ + ♀ sett furasjerende (mat-
samlende?) ved Kirkenær ultimo juli 1973, og en stadig "fram-
og tilbake"-ferdsel til et sted et stykke unna kunne tyde på
at mating foregikk. På samme sted sett 1 ♂ ca. 5/7 -74, og 1
par sett samme sted i månedsskiftet juni-juli 1975 og 1976
(4 siste obs.: (GAa)). Dessuten tornirisk sett på Samuelsmoen,
Grue Finnskog "i 1975" (L. Moen).

Gråsisik, Acanthis flammea.

Sees i tildels store flokker (300 indv.) på vinterstid, sær-
lig ettervinteren. Eneste foreliggende sommerobservasjon: 2
indv. sett mai/juni ca. 1969 på Grinder (PMK).

Rosenfink, Carpodacus erythrinus.

Sjelden. Kjente forekomster: Vellykket hekking ved Gardsjøen
i 1973: (♂ hørt syngende første gang 26/5. Reir med 5 egg funnet
18/6. Klekking skjedde 24/6. Alle ungene fløyet ut ved kontroll
av reiret 7/7.) ♂ var i dette tilfelle utfarget. 1974: 1 ikke
utfarget ♂ sang Kirkenær vestside 7/6. 1 utfarget ♂ sang like
i nærheten av samme lokaliteten ved Gardsjøen fra 16/6 og ut-
over sommeren. På tross av at fuglens oppførsel tydet på at
hekking foregikk, ble intet reir funnet. 1 ikke utfarget ♂ i 1976
(manglet fullstendig rødt i fjærdrakten) sang på samme lokalitet
ved Gardsjøen 22/6. (Dessuten 1 ♂ hørt syngende ved Vinger-

sjøen ved Kongsvinger 13/6 -76.)

Selv om hekkingen i Gardsjøen iflg. Haftorn er 2. reirfunn
i Norge, er dette en art som i årene etter 1970 har ekspandert
kraftig og er funnet hekkende på flere steder.

Konglebit, Pinicola enuncleator.

Meget sparsom. Sees tilfeldig på vinterstid i flokker på
ca. 10-30 indv.

Båndkorsnebb, Loxia leucoptera bifasciata.

1 observasjon av 2 indv. ved Skrivilen, Grue Finnskog
5/8 -74 (DR), samt en noe usikrere obs. av 1 ind. i samme om-
råde 9/8 -74 (DR).

P.g.a. at arten holder til i store barskogsområder må en
anta at det ikke alltid er lett å treffe på den, og at den hel-
ler ikke er lett å oppdage og identifisere, størrelsen og leve-
settet tatt i betraktning. Vi regner derfor med at den kan
være endel vanligere forekommende enn observasjoner tilsier.

KORSNEBBER, Loxia sp.

Vanskelig å bedømme bestander og bestandsvariasjoner av
disse artene separat, da de i felt i mange tilfelle er lett å
forveksle. Imidlertid hadde Loxia sp. en merkbar bestandstopp
i 1968.

Kornspurv, Emberiza calandra.

Iflg. Haftorn et enslig ind. sett på Sandmoen i Hof (like
nord for kommunen) 26/7 -61.

Hortulan, Emberiza hortulana.

Denne artens status er noe usikker, og vi nøyer oss med å
si at den iflg. opplysninger og observasjoner hekker årvisst,
men sparsomt og lokalt i området. En nærmere granskning er
ønskelig her.

71

Vierspurv, Emberiza rustica.

Iflg. Haftorn en art som er funnet hekkende kun få ganger
i Norge, i østlige deler av landet, bl.a. ved Halsjøen i Våler,
nord for Grue kommune. J. Michaelsen (STERNA nr. 4/1973 s.
286-288) opplyser om enda et reirfunn her i distriktet, ved
Lindmyra i Åsnes (i 1972), ca. 10 km sør for hekkeplassen ved
Halsjøen, og dette er iflg. "Norges fugler" den sørligste
hekkelokaliteten for arten i Skandinavia.

Fra Grue foreligger kun 1 observasjon, som muligens kan
settes i forbindelse med de nevnte områder: 1 ♂ sett ved Namnå
1/5 -69.

Sibirspurv, Emberiza aureola.

1 observasjon kjent fra Bjølsjø-området: I en flokk på ca.
50 indv. som (MD) kom fram til antagelig bare besto av sibir-
spurv, ble iallfall 3-4 ♂♂ med sikkerhet identifisert. Obser-
vatører: (MD) + 4 andre skogsarbeidere som kom fram til samme
resultat, ved konsultering av håndbok på stedet. Flokken ble
sett 2 dager på rad på samme lokalitet mellom 5/5 og 10/5 1968.

I "Norges fugler" er nevnt 7 (sikre og usikre) obs. av
arten i Norge forøvrig, i tidsrommet 1951-1968. Ingen av disse
er fra Hedmark.

Sivspurv, Emberiza schoeniclus.

En art som har ekspandert sterkt, iallfall fra 1958. Da det
er den nyere lavlandsformen som finnes i disse trakter, som
har innvandret sørfra (kontra den eldre fjellformen som har
innvandret østfra), må denne ekspansjonen sees i forbindelse
med en liknende ekspansjon i Sverige.

Som et eksempel på bestandsøkning på en egnet biotop kan
nevnes utviklingen ved Gardsjøen: (BOK) mener at arten her kan
ha hekket siden 1958, men reir ikke funnet før 1968. Reirfunn
også i 1970 (GAa), og minst 4 funn i 1971 (BOK)+(GAa). Fra
1972 foreligger ingen registreringsresultater fra sjøen, men
antall par må ha steget nokså sterkt, for under takseringer i
1973 kom vi fram til at antall par antagelig var ca. 40.

Haftorn nevner i "Norges fugler" hekking fra Rotbergsjøen,

72

Grue Finnskog i 1968, og som en ser av den ovennevnte ut-
vikling ser det ut som om den sterkeste ekspansjonen nettopp
har foregått fra ca. 1968. Kommunen sett under ett kan arten
karakteriseres som vanlig hekkende på egnede lokaliteter (myr-,
kratt- og sumpområder nær vann) i hele området.

Lappspurv, Calcarius lapponicus.

Meget sjelden, på trekk. Kun 3 observasjoner kjent: 3 stk.
skutt ut av en flokk ved Strandsjøen om våren ca. 1934 (EB).
3 ♂♂ på Kirkenær vestside 20/4 -72. 1 ♀ ved Namnå 30/4 -72.

Snøspurv, Plectrophenax nivalis.

Sees årvisst på trekk, særlig på vårtrekk. Flokker på 5-6
opptil 25 indv. er vanligst, men 30/3 -75 ble den største
flokk som hittil er registrert, sett ved Kirkenær: 4-5000
individer! Dagen etter telte flokken bare 100-150 indv., mens
5/4 var den øket til 400-450 indv.

Vis hensyn og omtanke i naturen, -
som innholdet i heftet
viser, er du langt fra
alene i skog og mark..

Summary

QUALITATIVE AND QUANTITATIVE REVIEW OF THE BIRDS RECORDED IN
GRUE MUNICIPAL WITH ADJOINING AREAS, HEDMARK COUNTY, UP TO
MEDIO JULY 1976.

The authors give a review of the birds recorded in the Grue-
district with adjoining areas ($60°30'$ N, $12°15'$ E), qualitatively
and quantitatively up to medio july 1976. The area covers 900
square kilometres, and extends from its lowest levels at Glomma
river (148 m) up to Tyskeberget (617 m) in north-east, and
Galterudfjellet (543 m) in west.

Of the 211 species recorded, 103 were breeding in the period
1970-1976. Some of the rarest breeders in this period were
Carpodacus erythrinus (1973) and Alcedo atthis ispida (1974).

Comments are given on all species, except for those who are
very common.

From earlier years very few informations about birds recorded
are given from this part of Norway.

Authors' address:
Sollien: 2265 Namnå.
Nesholen: 2260 Kirkenær.
Fosseidengen: 2265 Namnå.

74

Litteraturliste

Haftorn, Svein   : Norges fugler (1971).

Michaelsen, Jan   : Reirfunn av vierspurv i Åsnes kom-
                              mune (STERNA nr. 4/1973, s. 286-288).

Barth, Edv. K.   : Ismåke i Åsnes (FAUNA nr. 2/1973,
                              s. 141).

Statens viltundersøkelser
ved Dr. Hagen, Y.   : Vilt og viltstell nr. 4/1969.

"Jakt-Fiske-Friluftsliv"
sept. 1962   : Fasanforsøket i Hedmark, s. 410.

Grue kommunale tiltaks-
utvalg, 1967   : Fakta om Grue kommune.

Visst har fuglelivet i Grue
satt spor etter seg!

Alfabetisk artsregister

78

Til notater

Notatsidene er ment å kunne brukes til noteringer av egne
observasjoner eller opplysninger, - gamle eller nye - som du
mener har interesse i relasjon til det stoffet som er frem-
lagt i heftet. (Eller det noteres i artskommentarene.)

...ooOoo...

Til notater

www.ingramcontent.com/pod-product-compliance
Lightning Source LLC
Chambersburg PA
CBHW081846280526
45789CB00007B/2588